용기론

이 시대에 가장 필요한 것 —

용기론

우치다 다쓰루 지음
박동섭 옮김

RHK
알에이치코리아

한국어판 서문

한국 독자 여러분, 안녕하세요. 우치다 다쓰루입니다.

『용기론』을 집어 들어주셔서 감사합니다. 제목만으로는 『용기론』이 어떤 책인지 짐작이 가지 않으실 테니, 우선 「한국어판 서문」만이라도 끝까지 읽어주시면 좋을 듯합니다.

지극히 개인적인 의견이긴 합니다만, 한국, 중국, 일본은 '동아시아 문화권'으로 한데 묶을 수 있지 않을까 싶습니다. 21세기 들어 각 나라의 모습이나 표정은 완전히 달라졌지만, 세 나라는 저 깊은 곳에서 '유교적 사고방식'이라는 같은 뿌리로 연결된 것 같다는 생각이 듭니다.

이런 글을 쓰면 한국의 젊은 사람들은 "지금 한국 사회에는 그런 낡아빠진 개념의 그림자조차 찾아볼 수 없어요." 하고 쓴웃음을 지을 수도 있습니다. 아마 일본과 중국의 젊은 사람들—젊지 않은 사람들도—역시 같은 반응일 겁니다. "유교적 사고방식이라니… 그런 건 현대 사회에 털끝만큼도 남아 있지 않아요. 다들 자기 이익을 극대화하는 걸 일순위로 삼고 사니까요. 경쟁자를 걷어차고, 승자가 모든 것을 가지고, 설령 패자가 길거리에서 쓰러져 죽는다 해도 무조건 본인 책임인, 냉정한 약육강식의 시대거든요. 그러니 유교적 사고방식은 그 어디에도 존재하지 않는답니다." 하고 썩소를 날리면서 말할 것 같기도 하네요.

어쩌면 "선생님이 말하는 유교적 사고방식이 대체 뭡니까?"라고 되물을지도 모릅니다. 그러면 기다렸다는 듯, 『용기론』은 이 질문에 대한 답으로서 쓴 책입니다…라고 대답하고 싶지만, 실은 아닙니다. 이 책을 쓰기 시작한 시점에는 거기까지 생각이 미치지 않았거든요. 그저 편집자로부터 '용기란 무엇인가'에 관해 묻는 편지가 왔고, 거기에 답신을 하면서 내용이 쌓였고 이것이 한 권의 책으로 만들어진 것뿐이었습니다. 한마디로, 이 책은 무계획적으로 완성됐습니다. 하지만 책을 다시 읽어보니,

이 책의 메시지 가운데 하나는 '유교적 사고방식은 현대를 살아가는 젊은 사람들에게 강력한 현실 감각을 제공한다'라는 것임을 알게 됐습니다. 집필을 끝내고 나서야 비로소 '내가 그런 책을 쓴 거구나!'라고 깨달았달까요.

이 책은 '동아시아적 성숙이란 무엇인가?'라는 질문을 둘러싼 고찰에 관해 다루고 있습니다. 어이쿠, 미안합니다. 유교적 사고방식에 관한 이야기가 끝나기도 전에 동아시아적 성숙으로 넘어가서요. 걱정하지 마세요. 사실 이 두 가지는 같은 것입니다. 유교적 사고방식을 구체적이면서도 한정적으로 표현하면 동아시아적 성숙이 됩니다(적어도 저는 그리 생각하고 있습니다).

'동아시아적'이라는 단어로 지리적인 한정을 짓는다는 건 이에 대립되는 개념이 있다는 의미이겠죠? 저는 '동아시아적'이라는 말과 대비되는 말로 '서구적'이라는 말을 들고 있습니다. '동아시아에는 사람이 성숙한다, 어른이 된다고 할 때 (막연하긴 하지만) 어떤 이상적인 형태가 있다. 물론 서구에도 사람이 성숙한다, 어른이 된다는 고유한 이미지가 있다. 그러나 이 둘은 매우 다르다.'라는 게 제 가설입니다.

동아시아 사람들은 동아시아적으로 어른이 되고, 서구

사람들은 서구적으로 어른이 됩니다. 사회 집단마다 이상적인 어른의 모습이 다르다는 이야기는 그리 특별할 게 없습니다. 민족학자에게 물어보면 그야 당연하지, 하는 답이 돌아올 겁니다. 각 집단은 고유한 어른상을 가지고 있으며, 그것은 우열의 문제가 아니라 일종의 문화적 상대성으로 이해해야 한다면서 말입니다. 이에 대해서는 저도 이론(異論)이 없습니다.

그렇지만 제가 동아시아인이라 그런지 저는 동아시아적 성숙 쪽에 더 끌립니다. 솔직히 서구적 성숙은 그다지 흥미롭지 않습니다. 서구 사회에서는 누군가를 어른이라고 부를 때 무게감이 좀 없어 보입니다(적어도 영화나 드라마에서는 그래 보입니다). 어떤 사람을 두고 힘이 있다거나 일을 잘한다거나 머리가 잘 돌아간다는 식의 평가는 반복적으로 언급되지만 어른이다, 라는 단어를 입에 담는 일은 드문 것 같습니다. 다시 말해, '그 사람은 어른이니까 그의 말에 귀를 기울이고 그의 지시에 따르자…'와 같은 식으로 이야기가 전개되는 일이 거의 없다는 것이죠(통계적 근거는 없습니다만).

잠시 화제를 돌려보겠습니다. 얼마 전에 미국 대통령 선거가 있었죠. 도널드 트럼프가 압도적으로 승리하며

47대 대통령에 선출됐습니다. 선거 내내 언론은 트럼프가 아주 단순하고 공격적인 주장을 펼칠 뿐만 아니라, 그가 사용하는 어휘의 대부분은 초등학교 6학년 정도 수준이라며 야유했습니다. 그런데 측근의 인터뷰에 따르면, 트럼프는 차분하고 남의 이야기에 귀를 잘 기울이는 사람이라고 합니다. 그렇지 않았다면 10년 넘게 거대한 정치적 팀을 이끌기 힘들었겠죠. 그 기사를 읽고 저는 무심코 "음… 트럼프는 꽤 성숙한 사람이구나."라는 말을 내뱉었습니다. 저는 '인간의 복잡성'을 높이 평가하는 경향이 있습니다. 서로 모순되는 다면성을 갖춘 인간을 좋게 여기는 거죠. 하지만 트럼프에게 투표한 미국의 유권자들이 그가 복잡한 인물이기 때문에 뽑았다고 생각하지는 않습니다. 그냥 알아듣기 쉬운 말을 하는 사람이라서 투표했을 가능성이 큽니다. 그리고 바로 이 부분에 동아시아와 서구의 사람 보는 눈에 차이가 있는 게 아닌가, 하는 생각이 듭니다.

　다시 하던 이야기로 돌아가보겠습니다. 서구 사회는 인간의 성숙에 있어 정체성을 발견하는 일을 중요시합니다. '진짜 나, 있는 그대로의 나, 원래의 나'라는 것을 인격의 핵심에 두는데, 여러 가지 외부 조건이 진정한 자아를 만나고 발현시키는 일을 방해한다고 생각합니다. 외부 조건이라 하면, 돈이 없다거나 차별 받는 집단에 속해 있다거나 진짜 나와 다른 사람으로 오인되고 있다거나 하는 것들입니다. 그리고 이러한 장애물을 극복하고 진정한 자아를 만나고 발현시키면 놀라운 성과를 이끌어낼 수 있다고 봅니다.

서구의 슈퍼히어로물은 죄다 유사한 스토리로 구성됩니다. 슈퍼맨, 배트맨, 아이언맨, 스파이더맨 모두 다양한 갈등을 겪은 끝에 진정한 자아를 찾고 영웅이 됩니다. 물론 그 후에도 정체성이 흔들리는 경험을 합니다만(그렇지 않으면 속편이 나올 수 없으니까요), 마지막에는 반드시 진짜 나로 돌아와 사람들의 환호 속에서 해피 엔딩을 맞이합니다.

그런데 여러분, 이런 스토리의 흐름이 왠지 징후적이라고 생각하지 않으세요? 한국에는 이런 이야기가 별로 없잖아요. 제가 한국 드라마를 다 본 건 아니니 비슷한 내용의 드라마가 있을지도 모르지만, 그렇다 하더라도 진짜 나를 만나는 이야기는 주류가 아닌 것 같습니다. 일본도 마찬가지입니다. 일본의 경우, 세계적으로 인기 있는 만화나 애니메이션은 대부분 주인공이 스승을 만나 수행하면서 성장해가는 이야기로 구성됩니다. 『귀멸의 칼날』, 『나루토』, 『헌터x헌터』, 『주술회전』 등의 작품들처럼 말입니다. 이러한 작품 속의 주인공은 사제 관계를 통해 연속적으로 자기 쇄신을 하며 하루하루 다른 사람으로 변모해갑니다. 저는 이것이 동아시아의 전형적인 성숙 모델이 아닐까 생각합니다. 즉, 동아시아에서 성숙은 연속적인 자기 쇄신을 통해서 다른 사람이 되는 것으로 이해되는 반면, 서구에서 성숙은 진정한 자아를 발견하는 것으로 이해되는 거죠. 다시금 강조하지만, 어느 쪽이 좋다거나 어느 쪽이 옳다는 이야기를 하는 게 아닙니다. 각자 문화권마다 성숙에 대한 정의에 차이가 있지 않을까, 하는 이야기를 하는 것뿐입니다.

제가 생각하는 유교적 사고방식은, 한 사람이 사제 관계를 통해 나날이 성장하고 연속적으로 다른 사람이 돼가는 것을 인간적 성숙의 기본적인 과정으로 보는 것입니다. 저는 한국 사회에 이러한 유교적 감수성이 아직 살아 있다고 생각합니다. 표면적으로 드러나지 않더라도 여전히 남아 있다고 봅니다.

많은 분들이 제 책을 읽고 있는 것만 봐도 충분히 알수 있습니다. 『용기론』은 제가 쓴 책의 53번째 번역본이라고 합니다. 이웃 나라 사람이 쓴 책을 많이 읽는다는 것은 두 가지를 의미합니다. 하나는 이런 이야기를 쓰는 사람이 국내에 별로 없다는 것이고, 또 하나는 이런 책에 대한 수요층이 존재한다는 겁니다. 저는 다양한 책에서 유교적 메시지를 담아왔습니다. 아마도 한국에는 이런 이야기를 쓰는 사람이 별로 없는데 이런 이야기를 읽고 싶어하는 사람은 많기 때문이 아닐까요?

제 자신을 솔직하게 평가하자면 저는 상당히 유교적인 사람입니다. 무도에서도 철학에서도 아득히 올려다봐야 할 위대한 스승 밑에서 수십 년에 걸쳐 수행해오다 보니 유교적인 이야기를 하는 사람이 됐습니다. 전형적인 '동 아시아적 사람'이라고 해도 좋겠네요. 그러고 보면 저 같 은 수행자는 일본 사회에서도 아주 예외적이긴 합니다.

저는 스스로를 '조금 오래된 일본 문화의 층에서 태어 난 인간'으로 생각합니다. 일본의 문화적 풍토의 상당히 깊은 지층에서 솟아난 오래된 일본인입니다. 쉽게 말해, 현대 일본인이 아닌 거죠. 저 같은 오래된 일본인이 쓴 글을 읽고 말하고자 하는 바를 알아주는 독자들이 한국 에 있다면, 저는 그런 분들을 향해 "좀 더 깊은 곳을 파다 보면 우리를 연결하는 같은 뿌리를 찾을 수 있을 것입니다.”라고 꼭 전해드리고 싶습니다.

서문이 많이 길어졌습니다.

이와 같은 저의 생각을 염두에 두고 끝까지 읽어주시
길 부탁드립니다.

서문

여러분, 안녕하세요. 우치다 다쓰루입니다.

이번에는 '용기'를 주제로 한 책입니다. 왜 또 용기에 대한 책을 쓰게 됐는지 책을 읽어보면 이해하시겠지만 먼저 대략적인 설명을 해드리려고 합니다.

저는 「주간 금요일」이라는 주간지에 격주로 수필을 연재하고 있습니다. 거기에 용기를 주제로 글을 썼습니다. "지금 현대인에게 가장 부족한 것은 무엇일까요?"라는 질문을 받고 순간적으로 "용기가 아닐까."라고 대답한 에피소드에 관해 쓴 것입니다. 그 내용을 짧게 요약해 트위터에 올렸는데 고분샤의 후루타니 도시카쓰 씨가 바로 연락을 줬습니다. 아마 그 이야기의 어딘가가 후루타니 씨의 마음에 와 닿았던 모양입니다(「주간 금요일」에 쓴 글은 제 첫 번째 편지에 실려 있습니다).

그 후 후루타니 씨가 고베로 직접 찾아와 이런저런 이야기를 나누다가 용기에 관해 책을 한 권 쓰자는 데까지 나아간 것입니다. 과연 이 주제로 책 한 권을 쓸 정도의 재료가 있을까 조금 걱정됐습니다. 그런데 저 혼자 이것저것 생각하는 게 아니라 후루타니 씨로부터 질문을 받거나 이야기를 듣고 그것에 대해 제가 생각하는 바를 쓰는 형식이라면 분량을 채울 수 있을 것 같았습니다. 그래서 편지를 주고받는 형식이라는 조건을 제안했고 성사돼 집필을 수락했습니다.

후루타니 씨와의 인연은 꽤 오래됐습니다. 제가 고베 여학원 대학에 근무할 때 동료 영문학자 나바에 가즈히데 씨와 함께 쓴 『현대 사상의 퍼포먼스』라는 책이 있습니다. 영문학 전공 서적을 출간하는 출판사라 그런지 이런 특이한 책이 팔리지 않으리라 판단했던 모양입니다. 인쇄 부수가 얼마 되지 않았고 가격도 3,000엔 가까이 했습니다. 우리는 학부생과 대학원생을 대상으로 이 책을 썼기 때문에 3,000엔이라는 가격대로는 독자의 반응을 기대하기 힘들 것 같아 다소 실망했습니다(실제로도 별로 팔리지 않았습니다).

하지만 얼마 후 고분샤의 후루타니 씨가 그 책을 문고판으로 만들지 않겠냐는 제안을 했습니다. 덕분에 지금은 이 책을 「고분샤 문고」 시리즈에서 찾아볼 수 있습니다. 그렇게 후루타니 씨에게 신세를 진 적이 있어서 "책을 쓰지 않겠습니까?" "아, 네."와 같은 전개는 자연스러운 일이었습니다. 제가 책을 쓰게 된 사정은 이런 인연에서 비롯됐습니다.

왜 '용기'인가. 그것은 책을 읽어보면 아실 겁니다.

그럼 저자 후기에서 또 만납시다.

<table>
<tr><td>목</td></tr>
<tr><td>차</td></tr>
</table>

편

지

1

용기란
도대체 무엇일까요?

우치다 선생님께

선생님! 젊은 사람들에게서 "지금 현대인에
게 가장 부족한 것은 무엇일까요?"라는 질문을 받고 잠
시 생각한 후 "용기가 아닐까."라고 대답했다는 선생님
의 트윗을 읽었을 때, 제가 안고 있던 고민이 어디론가
날아가고 제 속에서 '바로 이거야!'라는 외침이 들려왔습
니다. 그길로 선생님께 메일을 드렸는데 바로 답장을 주
셔서 기뻤습니다. 트윗의 전체 내용이 담긴 「주간 금요
일」 원고도 보내주시고, 이후에 고베로 찾아뵀을 때 반갑
게 맞아주셔서 감사했습니다.

'용기'에 관한 책을 꼭 만들고 싶다는 제안에 "그럼 편지를 주고받는 형식이 어떨까요?" 하고 아이디어를 주셨을 때 속으로는 '오, 너무 좋은 아이디어다!' 하는 생각이 들었습니다. 그렇지만 막상 글로 쓰려니 쉽지 않았습니다. 일주일이 넘도록 머릿속 한 켠으로 내내 생각했습니다.

편집자라는 직업적 사심—책 전체의 구성을 어떻게 할까, 독자의 반응이 어떨까 등에 대한 생각—을 배제하고, 제가 왜 선생님의 트윗에 그토록 즉각적으로 반응했는지부터 생각해보기로 했습니다. 결론부터 말씀드리면, 꽤 개인적인 상황에서 비롯된 신체 반응이었다는 것입니다.

이런 감정을 전하는 것으로 시작하면 좋을 것 같아서 생각을 정리하느라 이제야 겨우 선생님께 편지를 쓸 수 있게 됐습니다. 제 생각이 제대로 전해질지 걱정입니다.

제가 몸담고 있는 출판계는 최근 20년에 걸쳐 계속해서 축소되고 있습니다. 그런데 이면을 자세히 들여다보면 이런 추세가 전부는 아닙니다. 사실 디지털 영역에서는 이른바 콘텐츠 쟁탈전이 벌어지고 있습니다. 콘텐츠화하기 쉬운 코믹* 비즈니스는 잘 굴러가는 반면, 잡지와

---

* 옮긴이 주 : 만화를 의미한다.

서적 출판의 상황은 매우 좋지 않습니다.

그렇다면 그다음에는 어떤 일이 벌어질까요? 가장 먼저 들려오는 건 잘 팔리는 책을 내라는 호통과 비용을 최대한 줄이라는 지시입니다. 회사로서는 지극히 당연한 요구겠죠. 하지만 어느 순간부터 무조건 잘 팔리는 책만 내면 그만인 거 아니냐는 극단적인 말까지 나오기 시작하고 상황은 점점 어려워지고 있습니다. 즉각적인 해법이 있는 것도 아니기에 공기가 조금씩 무겁게 가라앉았습니다.

예전에도 여러 번 마주했던 풍경입니다. 이럴 때는 흐름에 휩쓸리지 않기 위해서 무엇보다 제 자신과 주변 환경을 초기화하는 과정이 필요하다는 것을 경험으로 알고 있었습니다. 그래서 저는 마음이 이끄는 대로 몸을 맡겨보기로 했습니다. 그렇게 움직이다 보면 의외의 발견들이 이어집니다. 사람들과의 뜻밖의 만남이라든가, 오랫동안 끌어안고 있던 문제를 풀어줄 실마리라든가 하는 것들 말입니다. 어렴풋하게나마 앞길이 보이는 듯한 감각이 찾아오는 겁니다.

다만, 그것을 실행에 옮기려고 하면 그때부터 진짜 어려워집니다. 생각처럼 쉽게 앞으로 나아가지지 않거든요. 그럼에도 불구하고 저는 포기하지 않기 위해 바로 그 용기를 끌어내는 중이었습니다.

편지가 길어져서 죄송합니다. 선생님의 트윗에 반응했을 때의 제 상황을 말씀드리려다 보니 그렇게 됐습니다. 조금 과장된 표현일지 모르지만, 지금의 상태를 유지하는 게 어렵다는 사실을 알면서도 현 상황을 바꾸고 싶지 않다는 마음이 강하게 작용하는 사회에서 용기는 어쩌면 방해물처럼 여겨질지 모릅니다. 앞날이 조금이라도 그려지는 사람에게는 용기를 내 한 걸음 내딛지 않으면 숨이 막힐 듯한 순간이 찾아옵니다. 하지만 그런 사람들을 이질적인 존재로 밀어내는 메커니즘이 어딘가에서 작동하고, 그것이 결국 사회를 정체시키는 건 아닐까 하는 생각이 들었습니다.

개인적인 이야기에서 시작했지만, 아마 이것은 많은 조직에서 벌어지고 있는 일들과 같은 뿌리를 가진 현상이 아닐까 추측해봅니다. 선생님, 용기란 대체 무엇일까요? 용기는 애당초 어디서 샘솟는 것이고, 용기를 잃게 됐다면 그 이유는 무엇일까요?

2022년 6월 14일

첫 번째 회신

/

용기에 이어지는 덕목은
정직과 친절이었습니다

후루타니 님

안녕하세요. 우치다 다쓰루입니다.

메일 고맙습니다. 트윗에 올린 글에 후루타니 씨가 바로 강렬한 반응을 보이셔서 처음에는 조금 놀랐습니다. 그런데 말씀을 들어보니 상당히 다급한 상황에서 나온 것이었군요.

후루타니 씨에게 답장을 쓰기 전에 독자분들을 위해 후루타니 씨가 언급한 「주간 금요일」의 원고를 자료로 드립니다. 요약본을 트윗에도 올렸습니다. 올린 날짜는 2022년 4월 7일입니다. 일단은 이것부터 읽어보시길 바랍니다.

얼마 전 젊은 사람들과 대화를 나눈적이 있습니다. 젊다고 해도 저보다 나이가 서른 살 정도 적으니 중년들인 셈이죠. 그들에게서 "지금 현대인에게 가장 부족한 것은 무엇일까요?"라는 질문을 받았습니다. 잠시 고민하고 나서 "용기가 아닐까."라고 대답했습니다.

그러고 보니 제가 어렸을 때는 만화나 소설 속에서 소년은 용기를 가져야 한다는 말을 심심찮게 볼 수 있었습니다. 「소년 탐정단의 노래」도 '우리들은 소년 탐정단 용기…'로 시작됩니다.

1950년대 사회가 소년에게 우선적으로 요구한 자질은 용기였습니다. 용기란 고립을 두려워하지 않는 행위라고 생각합니다. 자신이 옳다고 생각한 것은 주위에서 아니라고 해도 양보하지 않는다, 자신이 해야 한다고 생각한 것은 주위에서 하지 말라고 해도 멈추지 않는다는 것이죠.

전중파(戰中派)* 어른들이 우리 같은 전후 태생의 아이들을 향해 용기를 가지라고 가르친 데는 나름의 이유가 있었던 것 같습니다. 전쟁 전, 그리고 전쟁 중에 그들은

* 옮긴이 주 : 제2차 세계 대전 때 청년기를 보낸 세대.

옳다고 생각한 것을 입 밖에 내지 못했고, 행동으로 옮기지도 않았으며, 본의 아니게 대세에 휩쓸리면서 마침내는 망국의 위기를 자초하고 말았습니다. 그에 대한 통절한 반성의 시간이 있었고, 그렇기에 전중파들은 전후 세대에게 용기를 가지고 고립을 두려워하지 말라고 가르쳤을 것입니다. 전후 세대 아이들이 오래도록 학생 운동에 몸을 던졌을 때 '연대를 구하고 고립을 두려워하지 마라'라는 구호에 격렬한 정서적 반응을 보인 것은 그 가르침에 충실했기 때문인지도 모릅니다.

"그러면 왜 용기를 가지라는 가르침이 후퇴했을까요?"라는 질문이 이어졌습니다. 이 또한 즉석에서 떠오른 생각으로 "『소년 점프』 때문이 아닐까." 하고 대답했습니다(미안합니다, 슈에이샤**).

『소년 점프』가 작가들에게 요구한 이야기의 기본은 우정·노력·승리였습니다. 우정이 제일 처음에 언급되죠. 그런데 우정과 용기는 궁합이 좋지 않습니다. 우정은 이해와 공감을 바탕으로 성립됩니다(모두가 그렇게 믿고 있습

** 옮긴이 주 : 『소년 점프』를 펴낸 출판사가 슈에이샤이기 때문에 나온 말이다.

니다). 우정을 풍요롭게 누리는 사람은 주변인들에게 이해와 공감, 그리고 지원을 받습니다. 전혀 고립돼 있지 않죠. 그런데 용기는 주변의 이해, 공감, 지원이 없는 곳에서 어떤 일을 시작하는 데 필요한 자질입니다. 모든 게우정에서 시작되는 세상에서는 고립을 두려워하지 않는소년이 존재할 수 없습니다.

『맹자』에는 '천만 명을 적으로 돌릴지라도 내 생각이맞으면 간다'는 유명한 구절이 나옵니다. 여기서 '내' 주위에는 아무리 봐도 동맹자가 없는 것 같습니다. 그래서'내'가 아무리 노력을 해도 승리를 기대하기 어렵겠죠. 우정이 우선시되는 세계에서 '나'는 그저 분위기 파악 못 하는, 눈치 없는 녀석 취급을 받을 수밖에 없습니다. 안된일이지만 말입니다.

용기가 최우선적인 덕목이었던 시대에 용기 다음에 이어지는 덕목은 정직과 친절이었다고 생각합니다(개인적인 감상이긴 합니다만). 1950, 60년대 소년들에게는 용기·정직·친절이 요구됐습니다. 적어도 제가 빠져 있었던 만화에서는 그러했습니다.

정직이나 친절은 지극히 개인적인 성격을 지닙니다. 일단 사회적인 평가나 목적 달성과는 무관합니다. 눈앞에 있는 사람을 어떻게 대할 것인가, 정확히는 어떻게 진솔하게 마주할 것인가, 하는 것만이 문제가 됩니다. 정직이나 친절은 이렇다 할 노력을 요하지 않습니다. 정직한 말이나 친절한 행동으로 뭔가를 달성할 일도, 승리를 거둘 일도 없습니다. 저는 시대가 변화해온 과정을 되짚어보며 이러한 제 가설이 꽤 설득력이 있다고 생각했습니다.

스티브 잡스는 스탠퍼드 대학 졸업식 축사에서 "가장 중요한 것은 당신의 마음과 직감에 따르는 용기입니다."라는 감동적인 말을 했습니다. 그의 연설은 "마음과 직감은 당신이 정말로 되고 싶은 게 뭔지를 어떻게든 알고 있기 때문입니다."라는 말로 이어졌습니다.

잡스는 중요한 것은 마음과 직감에 따르는 행위가 아닌, 마음과 직감에 따르는 용기라고 했습니다. 아이에게 용기가 필요한 이유는 주변 어른이 마음과 직감에 따르는 것을 허용하지 않기 때문입니다. 저는 어떤 일을 시작할 때 먼저 주위의 공감과 이해를 구해서는 안 된다는 잡스의 식견에 전적으로 동의합니다.

여기까지가 「주간 금요일」에 게재한 글입니다(글을 조금 보탰습니다만, 내용은 다르지 않습니다). 이와 별도로 블로그를 검색해보니 '용기'를 키워드로 한 글이 몇 개 있었습니다. 다음은 국어 교육에 관한 글인데 용기에 관한 고찰에 긴 지면을 할애했습니다. 이 글은 『스바루』라는 매체에 실렸는데요. 교육에 관한 인터뷰를 했을 때 제가 한 말을 전사(轉寫)한 것입니다.

논리는 목숨을 건 도약이다

이번에 효고현의 국어 선생님들 모임에서 강연을 하게 됐는데요. 강연 전 미팅 때 선생님 몇 분이 가이후칸에 왔습니다. 그 선생님들에게 물어보니 지금 교육 현장의 화제는 역시나 학습 지도 요령 개정으로 등장한 「논리 국어」라고 합니다. 도대체 이게 뭔지 다들 당황해했다고 합니다. 비유적인 표현이 아니라 정말로 모르는 것 같았습니다.

선생님들이 「논리 국어」에 준거한 실제 모의시험 문제를 보여줬습니다. 한번 읽어보고 놀라지 않을 수 없었습니다. 학생회 회의록과 규약을 보여주고 연내에 학생 총회를 개최하는 일이 가능한지 묻는 것이었습니다.

계약서나 예규집(例規集)을 읽을 수 있는 정도, 즉 실제에 바로 적용 가능한 국어 실력을 「논리 국어」라는 틀에서 육성하려는 것 같았습니다. 하지만 모의시험 문제를 보면 특정한 국어 능력을 기르기보다는 문학을 배제하는 데 주목적이 있어 보였습니다.

「논리 국어」를 「문학 국어」와 분리해서 가르치는 일이 가능하다고 생각하는 사람들은 문학을 비논리적이고 심미적, 지적인 장식품 정도로 여기는 게 아닐까요? 그러니 귀중한 교육 자원을 문학 따위에 할애할 필요가 없다고 생각하는 것 같습니다.

실제로 정치인과 사업가 중에는 그렇게 공언하는 사람이 많습니다. 자신은 어릴 때부터 문학에 전혀 관심이 없었지만 출세에는 아무 지장을 주지 않았다, 문학과 무관한 삶을 살아도 사회적으로 성공을 거둘 수 있다, 그러니 문학은 학교 교육에서 불필요하다, 라고 말이죠. 아마도 문학이 부재한 자신의 성공 체험에 근거해 추론하는 것 같습니다. 그들은 정치나 경제에 하등의 도움이 되지 않는 것에 교육 자원을 소비하는 일은 밑 빠진 독에 물 붓기와 다름없다고 주장합니다. 이렇게 지성에 대해 허무감을 가진 사람들이 현재 일본의 교육 정책을 책임지고 있다니, 현대 반지성주의의 심각한 병태가 아닐 수 없습니다.

편지 1

제가 「논리 국어」라는 발상에 회의적인 까닭은, 시험 문제를 만들 때 출제자는 정답을 알고 있고 수험생은 그 정답을 논리적으로 좇다 보면 '술술' 결론에 도달한다는 과정이 자명한 전제로 돼 있기 때문입니다. 그들이 생각하는 논리란 그런 것인가 봅니다. 하지만 실제로 논리적인 사고 과정을 한 번이라도 경험해본 사람이라면 누구나 알 수 있을 겁니다. 논리적으로 생각한다는 것은 평탄한 길을 걷는 과정과는 거리가 멀다는 것을요. 오히려 모종의 심연에 직면해 목숨을 걸고 그 심연을 뛰어넘는 것에 가깝습니다.

저는 어렸을 때 에드거 앨런 포나 아서 코난 도일을 읽으며 논리적으로 생각한다는 게 어떤 것인지 배웠습니다. 그 책들을 읽고 논리적으로 생각한다는 것은 오귀스트 뒤팽이나 셜록 홈즈처럼 생각하는 것이라고 머릿속에 입력했습니다. 그 생각은 여전히 변하지 않았습니다.

명탐정의 추리야말로 논리적인 사고 과정의 모범이 아닌가 싶습니다. 난제가 제시되면 탐정은 그것을 풀어야 합니다. 하지만 이는 우리에게 익숙한 시험과는 전혀 다릅니다. 정답을 알고 문제를 출제하는 사람이 존재하지 않기 때문입니다. 사건 현장에 여러 가지 물증—족적, 혈

흔, 담배꽁초 같은—이 남아 있었다고 하더라도 범인이 문제를 내기 위해 현장에 의도적으로 남기고 간 게 아닙니다.

탐정은 사건 현장에 남겨진 단편을 바탕으로 추리하고 그 귀결로서 정답을 발견합니다. 추리는 뿔뿔이 흩어져 있는 단편적 사실을 늘어놓고 그것들이 어떻게 연결되는지 설명할 수 있는 하나의 가설을 구축하는 일입니다. 그 가설이 아무리 비상식적이고 믿기 어려워도 모든 것을 설명할 수 있는 가설은 그것뿐이라는 확신이 들면, 탐정은 '이것이 진실이다'라고 단언합니다. 이는 논리라기보다 오히려 '논리의 비약'입니다.

실제로 학술적인 지성이 하는 일은 그와 비슷합니다. 칼 마르크스, 막스 베버, 지그문트 프로이트는 훌륭한 지적 달성을 완수해 인류의 지적 진보에 공헌한 사람들인데요. 그들의 공통점은 보통 사람들은 흉내 낼 수 없는 논리의 비약을 행했다는 것입니다. 눈앞에 흩어져 있는 단편적인 사실들을 정합적으로 설명할 수 있는 가설은 '이것밖에 없다'는 추리에 근거해 전대미문의 아이디어를 제시했습니다. 계급 투쟁, 자본주의 정신, 그리고 반복 강박은 논리의 비약의 산물입니다. 물론 같은 단편을 봤다고 해서 누구나 같은 가설에 도달하는 것은 아닙니다. 평범한 지성의 경우 상식이나 편견이 논리의 비약을 방해하기 때문입니다.

탁월한 현자가 탁월한 이유는 도약력에 있습니다. 그들의 논리적 사고는 말하자면 도약을 위한 도움닫기입니다. 이렇다고 하면 이렇게 된다, 이럴 때는 이렇게 된다, 하고 논리적 사고를 쌓아올리며 사고의 속도를 올립니다. 그리고 특정 속도에 도달하면 비행기가 이륙하듯 땅을 박차고 높이, 그리고 멀리 도약합니다. 저는 논리적으로 생각한다는 것은 도약을 위한 도움닫기에 해당한다고 생각합니다. 그 상태에서 가속함으로써 발 구르기 선에서 상식의 한계를 뛰어넘어 일상적인 논리로는 도달할 수 없는 곳에 이르는 것이죠.

반면에 평범한 지성은 논리적으로 따지고 들다가 맞닥뜨린 예상 외의 결과를 앞에 두고 움츠러듭니다. 논리적으로는 그렇게 결론지을 수밖에 없는데 그런 일은 있을 수 없다고 눈을 질끈 감고 발 구르기 선 앞에서 멈춰 서버립니다. 이것이야말로 비논리적인 게 아니고 무엇이겠습니까.

지성적인 것은 굉장히 즐거운 일

프로이트의 저서 『쾌락 원리의 저편』은 20세기에 사람들이 가장 많이 읽은 책 중 하나입니다. 이 책에서 프로이트는 병증 연구를 통해 모든 것을 설명할 수 있는 가설로 반복 강박, 죽음 충동 같은 심히 놀라운 아이디어를 꺼냈습니다. 이는 분명히 논리의 비약입니다. 프로이트는 자신의 사고 회로를 '사변'이라고 불렀는데, 사물을 논리적으로 생각한다는 것의 본질적인 역동성에 대해 언급한 중요한 말이라고 생각합니다. 프로이트는 이렇게 말했습니다.

> 다음에 말할 것은 사변이다. (…) 그것은 어떤 이념이 어떤 결론을 도출하는가, 하는 호기심으로부터 그 이념을 수미일관해 전부 이용하려는 시도다.
>
> ― 프로이트, 『쾌락 원리의 저편』

논리적으로 생각한다는 것은, 어떤 이념이 어떤 결론을 도출하는지―그것이 실제 생활 방식이나 경험과 괴리될지라도―끝까지 추적함으로써 '이 전제에서는 이 결론을 낼 수밖에 없다'는 명제에 자신감을 갖는 것입니다.

따라서 인간이 논리적으로 사고하는 데 필요한 것은—의외라고 생각하실 수도 있지만—사실 용기입니다. 만약 진실로 학교 교육으로써 아이들의 논리적인 사고력을 키우는 일을 하고 싶다면 논리는 도약한다는 사실을 가르쳐야 합니다. 우리가 지성이라고 부르는 것은 지식, 정보, 기능 같은 정량적인 것이 아닙니다. 오히려 질주감, 리듬감, 도약력 같은 역동적인 것입니다.

다소 극단적으로 들릴지 모르지만, 아이들이 중등 교육에서 배워야 할 것은 하나면 충분하다고 봅니다. 바로 지성적인 것은 굉장히 즐거운 것이라는 사실입니다. 지성적이라는 것은 비상하는(즉, 나는) 것이니 아이들도 좋아할 겁니다.

이번에 도입된 「논리 국어」를 시답잖은 과목이라고 생각한 이유는 지적인 고양감이나 질주감을 맛보는 일을 전혀 요구하지 않기 때문입니다. 무엇보다 논리적으로 사고하는 데 중요한 '용기를 가져라'라는 메시지를 전할 마음이 없어 보입니다.

애초에 지난 25년 동안 문부 과학성이 내건 교육 정책의 문구 가운데 '용기'라는 말이 있었나요? 저는 본 기억이 없습니다. 아마도 문부 과학성이 생각하는 출세에는 용기가 필요 없기 때문이겠죠.

관료 사회는 두려움을 가지는 혹은 느끼는 것, 윗사람의 눈치를 보는 일을 잘하는 사람들이 출세하는 구조로 이루어져 있습니다. 이들에게는 용기를 갖지 않았던 것이 오히려 성공 체험으로 남아 있습니다. 그리하여 아이들에게 공포심을 심어주는 일에는 열심이지만 용기를 갖게 하는 일에는 전혀 관심이 없습니다. 이는 그들 스스로의 경험에서 비롯된 것입니다. 즉, 그들의 실제 경험이 두려워할 줄 아는 인간이 성공한다는 인식에 고스란히 반영된 겁니다. 어쩌면 그들은 선의로 그렇게 생각하고 있을지 모릅니다. 선의를 가지고 아이들에게 "두려워해라!"라고 가르치는 거죠. 애초에 자신들이 "두려움을 가지면 좋은 일이 생겨. 나는 그랬거든." 하고 생각하니까요.

하지만 지성이 발달하기 위해서는 두려움을 가지는 것보다 용기를 가지는 것이 압도적으로 중요합니다. 논리적으로 사고한다는 것은 논리가 요구하는 경탄스러운 결론을 향해 겁먹지 않고 도약하는 것입니다. 정말 「논리 국어」를 가르치고 싶다면 먼저 아이들에게 '뛰는 용기'의 중요성에 대해 가르쳐야 합니다.

정확성을 기하기 위해 한마디 덧붙이는데요. 때로는 상식의 한계를 앞에 두고 다리가 움츠러들어 멈춰 서는 일이 정답이기도 합니다. 논리적으로는 옳음에도 다리가 움직이지 않아 앞으로 나아갈 수 없는 것은 인간이 위기를 피하고자 할 때 발현되는 본능적인 반응입니다. 가끔 머리로는 잘 알고 있는데 몸이 말을 듣지 않는 경우가 있습니다. 이럴 때 왜 몸이 말을 듣지 않는지 멈춰 서서 꼼꼼하게 스스로를 음미하는 것 또한 지성의 중요한 일입니다.

때로는 망설이는 것이 필요합니다. 그런데 망설이는 것은 논리적으로 사고하고 행동하는 것과는 다릅니다. 그보다 더 높은 차원에서 풀어야 할 과제이자, 논리적인 것을 끝까지 파고든 사람이 직면하는 어려운 문제입니다. 다시 말해, 논리적인 것이 무엇인지 잘 모르는 사람이 임할 수 있는 과제가 아닙니다.

'논리가 요구하는 결론'을 영어로는 'corollary'라고 합니다. 하지만 일본어에는 이 말에 정확히 대응하는 단어가 존재하지 않습니다. 저 역시 일본의 사상가 마루야마 마사오가 사용한 예 말고는 본 기억이 없습니다. 그럼에도 불구하고 저는 이 말이 매우 중요한 개념이라고 생각합니다. 그 결론이 아무리 상식에 반하고 주변인들의 눈살을 찌푸리게 하더라도 '이건 코럴레리다' 하고 단언할 수 있는 용기를 가지는 것이야말로 논리적으로 사고하는 것의 본질이라고 저는 믿습니다.

위 글들은 2019년 5월에 쓰인 것들입니다.

이 두 편의 기본 문헌을 읽어보신다면 용기에 대한 제 생각을 어느 정도 이해하실 수 있으리라 생각합니다. 실천적인 측면에서 용기란 고립을 두려워하지 않는 것입니다. 두려움은 감정적인 차원에서 일어나는 일이기 때문에 용기란 결국 감정적인 것이라고 할 수 있습니다. 하지만 그것만으로는 충분하지 않습니다. 사람이 고립을 두려워하지 않을 수 있는 이유는 자신이 생각하고 주장하는 바가 논리적으로 타당하다는 지적인 확신을 갖고 있기 때문입니다.

즉, 용기를 가진다는 것은 단지 두려워하지 않는 감정적 자기 억제가 작동하고 있다는 의미일 뿐만 아니라, 자신이 논리적으로 옳다는 지적인 확신을 기반으로 삼고 있다는 의미이기도 합니다. 그런 의미에서 용기를 가진다는 것은 감정적 자기 통제력과 논리적 사고력을 동시에 필요로 하는 행위라고 할 수 있습니다.

용기는 감정적 성숙과 지적 성숙을 함께 이루어낼 것을 요구합니다. 그렇기 때문에 아이들에게 '용기를 가져라'라고 가르치는 일은 아이들을 성숙으로 이끄는 데 있어 매우 중요한 목표라고 생각합니다.

조직이 택한 자기 파괴의 길

여기까지가 용기에 대한 저의 예비적 고찰입니다. 여기에 기초해 후루타니 씨가 직면한 구체적인 문제에 대해 제 생각을 말씀드리고자 합니다. 출판계가 매우 어려운 환경에 처해 있다는 사실은 저도 잘 알고 있습니다. 그리고 시장이 축소되면 모험적인 기획이 통하지 않는다는 사정 역시 충분히 인지하고 있습니다. 이는 1990년대 중반 거품 경제 붕괴 이후 일본 사회가 겪은 현상과 많이 닮아 있습니다.

제가 몸담았던 대학에서도 같은 일이 일어났습니다. 이전까지는 어떤 연구를 하면 좋을까에 대해 상당한 자유가 허용됐습니다. 거품 경제가 최고조로 치닫던 시절인 1980년대에는 출판계뿐만 아니라 학술 연구계도 하고 싶은 연구를 마음껏 할 수 있었습니다. 어쨌든 돈이 많았으니까요. 소니가 컬럼비아 픽처스를 인수하고 미쓰비시지쇼가 맨해튼의 록펠러 센터를 샀던 시대였으니 말입니다.

사업가들이 일본 땅값을 다 합치면 미국 두 개를 살 수 있다고 호언장담하던 시절 아닙니까. 인문계 교수의 연구비 따위는 그들 눈에 코딱지만 한 수준이었기에 원한다면 얼마든지 자금이 융통될 수 있었습니다. 당시 일본 사회에서 제 연구 주제—19세기 말 프랑스의 극우 사상과 유대교 철학 연구—는 유용성, 그리고 생산성 면에서 거의 0에 수렴했음에도 풍부한 연구비가 내려왔습니다. 천박한 자본주의 시대였지만 연구자에게는 호시절이었달까요.

사정은 출판계도 마찬가지였을 거라고 생각합니다. 젊은 편집자가 "이런 책을 내고 싶습니다." 하고 기획안을 제출하면 너그러운 상사는 이런저런 까다로운 피드백 없이 그대로 통과시켜주는 겁니다. "하고 싶으면 하면 되지." 같은 말을 덧붙이면서 말이죠. 다른 부서에서 돈을 척척 벌고 있으니 젊은 사람들이 반 장난삼아 책이나 잡지를 내는 데 별말이 없었습니다. 그런데 희한하게도 그런 '하고 싶으면 하면 되지' 환경에서 때때로 대박을 터뜨

43   편지 1

리는 출판물이 탄생합니다. 그때까지 아무도 시도하지 않았거나, 혹은 뭐가 될지 가늠할 수 없는 모험적인 기획이 심사숙고의 과정을 거치지 않고 줄줄이 회의를 통과하는 과정에서 99%가 꽝이더라도 1%의 대박이 나왔던 겁니다. 저는 80, 90년대에 이런 일을 겪으면서 돈이 좋다는 말의 의미를 실감했습니다.

'하고 싶으면 하면 되지' 시대는 1990년대 중반 거품 경제의 붕괴와 동시에 막을 내렸습니다. 너그럽게 예산을 분배해주던 상사가 갑자기 눈을 치켜뜨면서 "그 기획안으로 본전이나 뽑을 수 있을 것 같아? 매출을 얼마나 낼 수 있는지 데이터 들고 다시 와." 같은 인색한 말을 하게 됐죠. 사실 그때까지도 일본은 세계 2위의 경제 대국이었기에 돈은 많았습니다. 하지만 '축제는 끝났다'는 분위기가 사회 전체에 만연해지면서 갑자기 전 국민이 쩨쩨해졌습니다.

부의 증식이 멈추면서 "저 사람한테는 왜 예산이 많이 간 거야? 이상하잖아. 도대체 예산을 나누는 기준이 뭐야?" 혹은 "분배 기준을 밝혀라." "전 직원의 생산성과 기여도를 수치로 평가해서 자원을 차등 배분해라." "일은 안하고 월급만 받아가는 무임승차자들을 눈 감아주지 마라." 같은 말들이 봇물처럼 터져나왔습니다.

이와 같은 인색한 사고는 지난 25년 동안 일본의 지배적인 이데올로기로 자리 잡았습니다. 인색한 사고를 하는 인간이 제도를 설계하고 조직을 운영하는 사회가 활기찰 리 없습니다. 실제로 객관적인 등급에 근거한 자원의 차등 배분이라는 합리적인 구조가 도입되고 나서 일본 내 전 분야의 생산성이 계속 떨어지고 있습니다. 더 이상 어떤 혁신도 일어나지 않습니다. 출판계든 학술계든 '언젠가' 대박이 터질지도 모른다는 기획안에는 단돈 1엔도 예산이 가지 않으니까요.

투자한 것을 신속하고 확실하게 회수 가능한 증거를 제시할 수 있다는 것은, 반대로 말하면 절대로 대박을 터뜨릴 수 없다는 보증이 붙었다는 것입니다. 일본 사회는 과거의 성공 사례를 축소 재생산하는 쩨쩨한 자기 모방에 빠져 지금의 모습을 하게 됐습니다.

따지고 보면 돈이 없어졌기 때문입니다. 정확히는 돈이 없어졌다고 믿었기 때문입니다. 그런데 그때나 지금이나 돈이 많은 곳은 여전히 존재합니다. 다만, 가진 사람들이 돈을 꼭 끌어안고 젊은 사람들의 모험을 위해 선뜻 내줄 마음이 없는 것뿐입니다. 최근 10년 사이에 일본은 내놓지 않고 모으기만 하는 사람들에게 권력이나 재화가 배타적으로 모이는 구조가 완성됐습니다.

지금까지 빠른 걸음으로 정리를 했는데요. 저는 바로 앞에 언급한 부분이 최근 25년간 일본 사회의 실정이라고 생각합니다.

후루타니 씨의 회사에서 오르내리는 '잘 팔리는 책을 내라, 비용을 최대한 줄여라'라는 말들은 결국 사업을 서서히 위축시키는 '느린 자살'과 다름없는 것입니다.

따라서 후루타니 씨가 더는 못 참겠다고 느낀 건 지극히 당연한 반응입니다. 경영진의 일원이라는 책임 있는 위치에서 조직이 택한 자기 파괴의 길에 동참할 수 없었겠죠. 그러니 후루타니 씨가 사내의 반발을 무릅쓰고 마음과 직감에 따르는 용기를 가지기로 굳게 마음먹은 것은 참으로 이치에 맞는 판단이라고 생각합니다.

편지의 마지막 부분에 쓰신 '용기란 대체 무엇일까요? 용기는 애당초 어디서 샘솟는 것이고, 용기를 잃게 됐다면 그 이유는 무엇일까요?'에 대해서는 앞으로 천천히 구체적으로 답해나가도록 하겠습니다.

2022년 6월 17일

/

용기가 광기와
관련 있는 걸까요?

우치다 선생님

바로 답장해주셔서 감사합니다.

두 편의 기초 문헌에서 용기가 사라진 이유와, 그럼에
도 용기가 필요한 이유에 대해 많은 힌트를 얻었습니다.
이것은 복잡해 보이지만 실은 단순한 구조일지도 모른다
고 나름 생각하고 있습니다.

머릿속에서 몇 가지 질문—철학적인 면에서는 어떨까,
역사적 배경이 상당히 영향을 주고 있을까, 많은 사람이
신규 사업이나 개혁에 대해 잘못된 인식을 가지고 있는
것일까—이 떠올랐습니다.

하지만 일단은 첫 번째 편지에서 드린 질문인 '용기는 어디서 솟아나는 것인가'에 대해서 정리하려고 합니다.

이번에도 개인적인 체험을 하나 써보겠습니다.

초등학교 4학년 때 같은 반이었던 좀 거친 친구 둘 사이에 싸움이 붙었습니다. 내버려두면 어느 한쪽이 크게 다칠 것 같은 상황에 반 전체가 숨 죽이던 참이었습니다. 그때까지 조용한 우등생이었던 저는 두 사람을 향해 가까이 있던 의자를 내던졌습니다. 제 손을 떠나 포물선을 그리며 표적을 향해 날아가는 의자를 눈으로 좇으면서 '큰일났다. 누구라도 의자에 맞게 된다면 크게 다칠 것 같다.' 하는 생각에 온몸의 피가 거꾸로 솟는 듯했습니다. 모든 게 1초도 안 되는 시간에 벌어진 일이었습니다. 다행히 의자는 두 사람의 가운데로 떨어져 아무 일도 일어나지 않았고, 놀란 둘은 싸움을 멈췄습니다.

그때 처음으로 제 안에 무언가 제어할 수 없는 광기가 있다는 것을 깨달았습니다. 이후 사춘기가 시작된 건지 내성적인 제 자신을 의식하게 됐습니다.

정의감 때문은 아닙니다. 단지 육체가 반응했던 겁니다. 그리고 그게 두려웠습니다. 틀릴 수도 있지만 혹시 이런 게 이후의 용기와 어딘가에서 연결되는 것일까요? 갑자기 상담실을 찾은 내담자 같은 질문을 드려서 죄송합니다. 소년기의 앞뒤 가리지 않는 난폭한 행동과 이를 대하는 부모나 주위의 반응 등을 포함한 환경이 용기와 어떤 관계가 있을 것 같은 생각이 들어서 드린 질문이었습니다. 제가 잘못 짚었다면 말씀해주세요.

2022년 6월 20일

/

공자는 지는 데
용기가 필요하다고 했습니다

후루타니 님

안녕하세요. 두 번째 편지 잘 읽었습니다. 흥미로운 사례를 제시해주셔서 고맙습니다. 용기와 광기의 관계에 대한 부분이 특히 흥미로웠습니다. 오늘은 그 이야기를 한번 해보도록 하죠.

지는 용기

『논어』에는 포호빙하(暴虎馮河)를 경계하는 말이 있습니다. 포호빙하는 직역하면 '맨손으로 범을 때려잡고 걸어서 황허강을 건넌다'라는 뜻입니다. 용기는 있으나 지혜가 없음을 이르는 말로서 혈기에 치우쳐 무모한 행동을 하는 것을 일컫습니다. 참고로, 『논어』의 「술이편(述而編)」에 나오는 말입니다. 이를 두고 공자는 잘못된 용기의 발현 방식이라고 꾸짖습니다. 그렇다면 포호빙하가 어떤 맥락에서 등장하는지부터 살펴보겠습니다.

> 子路曰 子行三軍 則誰與。
>
> (자로왈 자행삼군 즉수여)
>
> 자로가 묻기를 "선생님이 삼군을 통솔하신다면 누구와 더불어 하시겠습니까?" 하자,

> 子曰 暴虎馮河 死而無悔者 吾不與也。
>
> (자왈 포호빙하 사이무회자 오불여야)
>
> 공자께서는 "나는 맨손으로 호랑이를 잡고 배 없이 큰 강을 건너는 무모함과 죽음을 가볍게 여겨 후회하지 않는 만용을 부리는 사람과 함께하지 않으리라.

> 必也臨事而懼 好謀而成者也。

(필야림사이구 호모이성자야)

일에 임하여는 반드시 두렵게 하고 좋은 계
획을 세워 일을 이루는 사람과 함께하리라."
라고 하셨다.

　공자와 제자 자로의 대화입니다. 자로는 공자의 제자
들 중에서 가장 명랑하고 또 용맹한 인물입니다. 나카지
마 아쓰시가 자로를 주인공으로 한 『제자』라는 소설까지
썼을 만큼 다채로운 일화에서 꼭 빠지지 않는 매력적인
인물이기도 합니다.

　자로는 공자에게서 오랫동안 가르침을 받아온 소위 고
참 제자로서 스승에게 비교적 기탄없이 이런저런 이야기
를 합니다. 위 질문도 꽤 직접적입니다. 삼군을 지휘한다
면 어떤 인물과 함께 일할지 묻고 있잖습니까. 사실 자로
의 입장에서는 아주 절실한 질문이었습니다. 과연 공자
가 함께 일을 도모할 사람으로 자신을 간택할 것인가, 하
는 측면에서 말입니다. 아마 자로는 실존적인 떨림으로
질문을 던졌을 겁니다.

　자로의 질문에 공자는 무모함과 만용을 부리는 사람과
는 함께하지 않을 것이며 두려움을 알고 계획을 세워 일

을 이루는 사람과 함께하겠다고 답하는데, 여기서 포호빙하가 나옵니다.

그런데 포호빙하를 부정적으로 언급한 공자의 말을 그대로 받아들이기 전에 잠시 멈출 필요가 있습니다. 공자는 제자가 누구냐에 따라서 가장 교육적인 효과를 가져올 만한 대답으로 응했기 때문입니다. 즉, 상대에 따라서 말을 바꿨던 것입니다. 제자의 결점을 교정할 수 있도록 말이죠.

예를 들면, 자공이란 제자가 "군자란 어떤 존재입니까?"라고 물었을 때는 "먼저 자신의 주장을 실행하고 후에 주장을 말하는 사람이다."라고 대답합니다. 말보다 행동이 앞서는 게 군자라고 정의한 겁니다. 이는 말을 능수능란하게 잘하는 자공이 자신의 재능에 빠져서 일을 그르칠 수 있음을 경계할 수 있도록 해준 말입니다. 그러므로 자로에게 한 말이 공자의 본심인지 아닌지는 알 수 없습니다.

공자는 자신의 행동이 옳다는 확실한 신념이 있다면 설령 상대방이 천만이라고 해도 단호히 앞으로 나아간다고 했습니다. 이것은 『맹자』의 「공손추장구 상편(公孫丑章句上)」에 나오는 말입니다. 스스로를 돌아봐서 자신에게 정당성이 있다고 여긴다면 천만 적이 달려들더라도 돌진하라고 말하고 있으니, 이 경우에는 포호빙하 그 자체인 겁니다.

도대체 무슨 의미일까요? 한 입으로 어떤 때는 포호빙하는 안 된다고 하고, 또 어떤 때는 적이 천만이라도 두려워하지 말라고 합니다. 이래서야 독자가 혼란을 느끼지 않을 수 없습니다.

과연 공자는 용기에 관해서 어떻게 생각하고 있었을까요? 『맹자』의 원문을 통해 공자가 용기에 관해 어떤 생각을 가지고 있었는가를 함께 생각해보고자 합니다. 먼저 원문의 내용을 확인해보겠습니다.

> 일전에 대용(大勇)이 무엇인지 공 선생에게 물어본 적이 있습니다. 그러자 선생은 "스스로를 돌아봐서 자신에게 일리가 없다고 생각하면, 나는 상대방이 누더기를 걸친 천민이라고 해도 두려워할 것이다. 하지만 스스로를 돌아보고 자신에게 일리가 있다고 생각하면, 나는 천만 명이 달려들어도 생각한 바를 관철할 것이다."라고 대답하셨습니다.

참고로, 여기에는 앞선 이야기가 있습니다. 이 장의 주제는 마음이 움직인다는 것이었습니다. 제자 공손추가 맹자에게 "마음이 움직인다는 것은 어떤 의미입니까?"라고 물었습니다. 이에 맹자는 마음이 움직이는 데에는 여러 종류와 단계가 있다는 사실을 구체적인 실례를 들어 대답했습니다.

맹자는 첫 번째로 북궁유라는 인물을 언급합니다. 북궁유는 자신에게 칼을 들이대도 동요하지 않고 눈앞에 바늘을 들이대도 눈을 깜빡이지 않도록 훈련해 움직이지 않는 마음을 키웠습니다. 이렇게 되면 상대방이 강자건 약자건 간에 상관없이 태도를 바꾸지 않게 됩니다. 다시 말해, 상대가 저잣거리의 사람들이건 대국의 군주이건 간에 상관없이 굴욕을 당하면 망설이지 않고 찔러 죽일 수 있는 사람이 되는 겁니다. 이는 다소 위험한, 움직이지 않는 마음의 예입니다.

또 한 사람은 맹시사입니다. 맹시사는 이길 수 있을 것 같을 때나 그렇지 않을 것 같을 때나 한결같은 태도를 유지하며 움직이지 않는 마음을 길렀습니다. 이는 아주 적절한 용병의 마음가짐이라 할 수 있습니다. 약한 상대만 골라 싸우거나, 강력한 아군의 힘에만 의지하는 지휘관은 아무 쓸모가 없다고 해도 과언이 아닙니다. 질 게 뻔한 상황이더라도 싸워야 하는 경우는 얼마든지 있습니다 (그러다 예상을 뒤엎고 이기기도 하고요). 그래서 반드시 이긴다는 보증이 없어도 두려워하지 않는 마음가짐을 유지해야 합니다.

북궁유와 맹시사의 사례에서 상당한 피비린내가 느껴지지 않나요? 그 시대의 용기는 폭력적인 상황에서 두드러지는 방식으로 옳고 그름을 묻는 자질이었다는 의미이겠죠. 맹자는 이 둘의 생생한 경험을 통해 움직이지 않는 마음을 기르는 것의 의의를 제시한 후 공자의 대용에 관한 말을 인용했습니다.

비교해서 읽어보면 공자의 대용과 북궁유, 맹시사의 움직이지 않는 마음은 결이 다름을 알 수 있습니다. 특히 '자신에게 일리가 없다고 생각하면 나는 상대방이 누더기를 걸친 천민이라고 해도 두려워할 것이다'라고 한 점이 그러합니다.

맹자가 그전에 인용한 두 사람의 예는 '상대방을 이기기 위해 어떻게 하면 좋은가'라는 문제 의식에 기초해서 용기를 논한 것에 비해, 공자는 경우에 따라서는 상대방에게 지는 일도 용기의 발현 방식 중 하나로 인정하고 있다는 것입니다. 아무래도 여기에 결정적인 차이가 있어 보입니다.

공자는 스스로에게 일리가 없는데 무리해서 이기려는 것은 용기가 아니라고 말합니다. 즉, 자신에게 일리가 없을 때는 상대가 약하거나 밀고 나갈 수 있는 환경이 갖춰져 있더라도 "미안합니다." 하고 몸을 빼는 것이 용기의 발현이라고, 공자는 역설하고 있습니다.

한편, 제 스승이자 철학자인 에마뉘엘 레비나스 선생님은 이렇게 말했습니다. "고전에서 인용한 글을 읽을 때는 반드시 전후의 문헌을 조사해 어떤 맥락에서 그 말이 나왔는지 음미해야 한다."

2500년 된 난제

천만 적도 두려워하지 않는다는 매우 강렬한 『맹자』의 문장은 널리 인구에 회자되고 있습니다만, 스스로를 돌아보고 이건 아니다 싶으면 상대방이 누더기를 걸친 약자라고 해도 몸을 사려야 한다는 부분은 인용되는 일이 없습니다.

아무래도 맹자는 두려워하지 않는 것뿐만 아니라 두려

워하는 일에도 용기가 필요하다는 공자의 양의적이고 다층적인 가르침에서 예지의 깊이를 찾아낸 것으로 보입니다. 상대가 천민이든 왕후이든 굴욕을 당하면 신경 쓰지 않고 찔러 죽이는 북궁유 같은 유형의 터프 가이를 용기 있는 사람이라 할까요? 아니면 공자가 언급한 유형으로 자신이 틀렸다면 상대가 천민이라도 "미안합니다." 하고 사과할 수 있는 사람이 용기가 있는 걸까요? 그런데 『맹자』의 용기 이야기는 이 대목에서 그냥 끝나고 호연지기로 넘어가고 맙니다.

맹자는 제자인 공손추뿐 아니라 독자에게도 용기 문제에 즉답을 요구하지 않습니다. 뿐만 아니라 정답을 가르칠 마음도 없습니다. 세상에는 다양한 인간 군상이 존재하며, 어느 쪽이 용기 있는 사람인지, 그리고 그렇게 판단한 이유는 무엇인지에 관해서는 스스로 생각해보라고 하는 겁니다. 다시 말해, 용기 문제를 이른바 열린 질문으로 사람들 앞에 내놓은 셈이죠.

역시 맹자답습니다. 맹자는 자신이 가르친 정답을 무작정 따라 하지 말고 각자의 정답은 스스로 생각하고 표현하라고 넌지시 알려주고 있습니다. 저는 이것이야말로 교육자로서 아주 적절한 태도가 아닌가 합니다.

2500년 전부터 '용기란 무엇인가?'란 선뜻 대답하기 어려운 난제였음을 알 수 있습니다. 특히 많은 사람들이 용기가 있으면 이길 수 있다는 용기의 실천적 유용성에 중점을 둔 것에 반해, 공자는 용기가 있으면 질 수 있다는 논의를 펼쳤습니다. 공자는 '자신에게 일리가 없다고 알고 있으면서도 힘으로 밀어붙이는 것은 결코 좋은 일이 아니다. 이럴 때는 잘못을 깔끔하게 인정하고 물러나는 게 낫다. 그리고 그렇게 하기 위해서는 용기가 필요하다.'라는 용기론의 새로운 지평을 열어젖혔습니다. 이렇게 자신에게 일리가 없을 때 물러날 줄 아는 용기는 포호빙하와는 완전히 별개입니다.

그러고 보니 『논어』의 「태백편(泰伯篇)」에는 다음과 같은 구절도 있습니다.

> 위태로운 나라에는 들어가지 않고 어지러운 나라에는 살지 말 것이며, 천하에 도가 있으면 몸을 드러내어 벼슬하여 도를 행하고 천하에 도가 없으면 몸을 숨기고 물러나서 도를 간직해야 할 것이다. 나라에 도가 있을 때는 가난하면서 낮은 지위에 있는 것이 수

치(羞恥)가 되고, 나라에 도가 없을 때는 부유하면서 높은 지위에 있는 것이 부끄러움이 된다.

도리가 없음에도 힘으로 밀어붙여 이기는 것은 나라에 도가 없을 때 부를 축적하며 높은 지위를 차지하는 것과 같습니다. 공자는 스스로에게 일리가 없는데 승자이고 부자이고 강자인 것을 부끄러움과 동일시했습니다. 자신에게 일리가 없을 때는 몸을 숨기고 물러나는 게 옳은 일이며 이를 위해 대용이 필요하다는 공자의 용기론은 아주 복잡하게 만들어져 있습니다.

청소년기의 무모한 행동이 용기와 어떤 관계가 있는지 물으셨죠? 제 대답은 '그렇다'입니다. 후루타니 씨가 갑작스럽게 본능적으로 움직였다는 부분에서 뭔가 사람 된 도리로서 어쩔 수 없었던 것이 있지 않았나 싶습니다.

그것은 아마도 용기, 혹은 맹자의 다른 말을 빌려서 말하자면 인(仁)의 단서가 될 것입니다. 즉, 후루타니 씨의 행위 자체가 용기의 발현이 아니라, 그 행위는 용기란 무엇인가에 관해 생각하기 시작하는 긴 여정의 단서라는 것입니다.

이야기가 길어졌습니다. 오늘은 여기까지 하겠습니다. 가능하다면 구체적인—특히, 어찌하면 좋을지 몰라서 곤란한—사례를 들어주시면 좋을 듯싶습니다. 그 사례들이 용기, 도의, 인 같은 기준에서 어떻게 보이는지, 또 어떻게 평가돼야 하는지 연구를 거듭하다 보면 주제가 입체적으로 보이지 않을까 생각합니다. 다음 편도 잘 부탁드립니다.

2022년 6월 28일

세 번째 편지

/

아버지는 말했습니다,
넥타이 맨 사람은 믿지 말라고

우치다 선생님

안녕하세요.

『논어』 이야기를 받아볼 줄은 상상도 못 했습니다. 그러고 보니 선생님과 주고받는 편지의 묘미는 어떤 공이 돌아올지 예상할 수 없는 데 있군요. 덕분에 다음에는 어떤 질문을 할까 고심하는 과정이 큰 즐거움이 되고 있습니다. 오랫동안 편집 일을 해왔지만 이전에는 경험해본 적 없는 감정이랄까요.

얼마 전 한 만화 편집자와 나눈 대화에 대해 말씀드리려고 합니다. 그는 우치다 선생님의 열렬한 팬입니다. 선생님의 트윗을 보고 이 편지에 관해서도 이미 알고 있었습니다. 그러면서 설문 조사를 전혀 하지 않는 만화 편집자가 있다는 사실을 전해달라고 했습니다. 실제로 그가 담당하는 만화는 독창성이 넘칩니다.

그의 본가는 시골에 있는 공장이었기 때문에 월급쟁이 생활이 어떤지 잘 몰랐다고 합니다. 그래서 회사에 들어가고 나서 매우 당황했다고 합니다. 그 말을 듣고 실은 저도 똑같았다고 대답했습니다. 저는 어촌에서 자랐고 주위 어른들이 대부분 자영업에 종사했습니다. 매일같이 출퇴근을 반복하는 사람은 TV에서나 볼 수 있었습니다. 농업이나 어업에 종사하는 사람들은 기후와 자연 상황에 맞춰 살아서, 계절에 따라 바쁠 때도 있고 한가할 때는 또 엄청 한가합니다.

한참 이야기를 나누다가 초등학교 때 과묵한 아버지가 갑자기 저를 향해 "넥타이 맨 사람은 믿지 마!"라고 해서 깜짝 놀랐다고 했더니, 그는 이 이야기를 선생님께 보내는 편지에 쓰는 게 좋을 것 같다고 했습니다. 그리하여 이렇게 편지를 쓰고 있습니다. 돌이켜보니 당시 아버지가 '넥타이 맨 사람'에게 불미스러운 일이라도 당한 게 아닌가 싶습니다.

지방에서는 서로 발목을 잡는 일이 있고, 무엇보다 체면을 신경 씁니다. 반면 도시에서는 일상적인 인간관계는 편안할지언정 고독감에 빠지기 쉽죠.

지역 공동체가 기업 공동체로 옮겨가고 그것이 무너지면서 상실된 것들 중 하나가 용기일지도 모른다는 생각이 들었습니다. 넥타이 맨 사람이 너무 많아져서 그런가 보다 하고 말이죠.

자영업자 집에서 태어났든, 월급쟁이 가정에서 태어났든 용기가 있는 사람은 있고 없는 사람은 없습니다. 그럼에도 어디서 나고 자랐는지 그 환경이 어떤 영향을 줄지도 모른다는 생각이 들었습니다. 성장 환경에는 물론 시대도 포함됩니다.

오늘날 용기가 부족해진 것은 어쩌면 어딘가에서 용기의 싹을 꺾어버렸기 때문이 아닐까요?

1960년대는 혼돈의 시대였던 것 같습니다. 무엇이 옳은지 가르쳐주는 사람도 없었고, 심지어 교사들도 어쩌다 보니 교사가 된 사람이 많았습니다. 그렇기에 아이들은 제 나름대로 스스로 생각해야 한다고 느꼈던 것 같습니다. 이러한 시대적 배경 탓인지 살며시 다가오는 관리의 그림자를 느낀 아버지가 넥타이 맨 사람은 믿지 말라

고 말씀하신 게 아닌가 싶습니다. 그래서 기억에 남은 것
같습니다.

2022년 7월 1일

/

믿을 만한 사람을 가려내는 것은
사활이 걸린 문제입니다

후루타니 님

안녕하세요. 우치다 다쓰루입니다.

답장이 늦어서 죄송합니다.

7월 중순 이후로 정신없이 바쁘게 지냈습니다. 월말부터 여행이 계속돼서 그제 겨우 죽음의 일정이 끝나고 개인적인 여름 방학에 들어간 참입니다. 가이후칸 제자 중에서도 코로나 환자가 많이 발생해 휴관하고 당분간 수련도 중단하기로 했습니다. 그래서 어제부터 급하게 처리할 일이 없는 나날들이 시작됐습니다. 그리하여 얼마간은 컴퓨터 옆에 미뤄뒀던 원고들과 재회할 수 있을 것 같습니다. 드디어 후루타니 씨의 편지에 답장할 수 있는 시간이 생겼습니다.

철학이 없는 사람을 믿지 마라

후루타니 씨의 아버님께서 넥타이 맨 사람은 믿지 말라고 하셨다는 이야기 말입니다. 저 또한 돌아가신 아버지로부터 비슷한 이야기를 몇 번이나 들은 적이 있습니다.

다만, 저희 아버지는 이미 '넥타이 맨 사람'이었습니다. 아버지가 저에게 반복해서 한 말은 '어떤 사람을 믿을 수 있는지 없는지 여부는 그 사람의 지위나 학력과는 무관하다, 철학이 없는 인간을 믿지 마라'라는 의미였습니다.

아버지는 만주 사변이 있던 해 열아홉의 나이로 홋카이도에서 만주로 건너갔다가 패전 이듬해에 베이징에서 귀국했습니다. 15년간 대륙에 머물면서 만주국의 건국, 중일 전쟁, 그리고 패전을 경험한 셈입니다. 그 과정에서, 특히 패전 전후 대륙에서 그동안 군의 위세를 등에 업고 호의호식했던 사람들이 어떤 식으로 허둥지둥 도망쳤는지 가까이서 목격하셨죠. 아마 그때 아버지는 믿을 수 있는 인간과 믿을 수 없는 인간을 가늠하는 일이 생사를 좌

우할 만큼 중요하다는 사실을 깨달았던 듯싶습니다.

아무렇지도 않게 동료를 버리고 도망치는 인간이 있고, 반대로 약속을 중시하는 사람이 있죠. 그것은 그 사람들이 가진 지위나 학력과는 무관했습니다. 잘난 체하며 자신의 지위를 뻐기던 사람이 패전하자마자 부하와 동료를 버리고 도망쳤고, 오히려 묵묵히 일만 하던 낮은 신분의 사람들 중에 성실하고 신의가 두터운 사람이 있어 궁지에 몰린 동료에게 손을 내밀었습니다. 아버지는 그 일로부터 뼈저리게 터득한 바가 있었을 겁니다.

아버지가 '철학을 가진 사람'이라는 말로 표현하고 싶었던 이는, 세상 사람들이 어떻게 말하고 행동하든 상관하지 않고 이치를 따르는 사람일 것으로 생각합니다. 나름대로 세상의 도리를 지키며, 이해타산과 사리사욕으로 언행이 흔들리지 않는 사람만이 무슨 일이 생겼을 때 의지가 됩니다. 철학을 가진 사람인지 잘 살피라고 어린 저에게 거듭 가르친 이유는 아버지가 철학을 가진 사람의 도움으로 궁지에서 벗어났던 개인적인 경험이 있었기 때문일 것입니다. 만나왔던 사람들이 죄다 믿을 수 없는 이기주의자들에, 배신자였다면 그런 식으로 말했을 리 없겠죠.

아버지는 초등학생인 저에게 그런 가르침을 주려고 했습니다. 다만, 저는 철학이라는 단어를 단순히 읽기만 할 수 있는 정도의 나이에 불과했기에 그 말이 무엇을 의미하는지 잘 몰랐습니다.

1950년대 말 이후로 아버지는 전쟁에 관한 이야기를 꺼내지 않았습니다. 철학이 없는 인간을 믿지 말라는 말도 더 이상 하지 않게 됐습니다. 그때는 고도 성장기에 막 접어든 시기였습니다. 세탁기, 냉장고, TV나 자가용이 생활을 근대화로 이끌게 되자, 사람 보는 눈이 없으면 생사에 위협이 되는 긴장감을 유지할 필요가 없어져서 그런 말을 하지 않게 됐는지도 모릅니다.

하지만 어린 나이에도 불구하고 제 몸에 아버지의 충고가 깊이 스며들어 있었습니다. 의미를 알았기 때문은 아닙니다. 의미 같은 건 몰라도 몸에 스며드는 말이라는 게 있잖아요. 그런 말은 오랜 세월에 걸쳐 곱씹게 되고 그러다 보면 어느새 피와 살이 됩니다.

저는 철학을 가진다는 것을 그때는 일단 용기를 가지는 것이라고 고쳐 읽었습니다(아이일지라도 용기의 의미를 대충은 알고 있었으니까요). 따라서 그 시절 제가 생각한 철학을 가지는 것이란 옳다고 생각하는 것에 대해서 물러

서지 않고, 상대가 많든 상대가 힘이 세든 불합리한 것에 대해서 '불합리하다'고 말하고, 무엇보다 말 한마디를 중요시한다는 것이었습니다. 다시 말해, 이기적인 이유로 약속을 어기지 않고, 입 밖에 꺼낸 말은 행동으로 옮기는 것 말입니다. 용기가 있고 말 한마디를 중요시하는 사람이라면 생사가 달린 상황에서 믿을 수 있는 사람으로 주위 사람들이 생각해줄 것이기 때문입니다.

물론 당시 저는 학생이었으므로 생사가 걸린 상황을 맞닥뜨릴 기회는 없었습니다만, 만일 그런 상황을 마주하게 되면 저 사람은 믿어도 좋다는 말을 들을 수 있는 사람이 되기로 결심했습니다.

사람 보는 눈을 길러라

개인적인 이야기를 너무 장황하게 써버렸군요.

후루타니 씨 아버님이 넥타이 맨 사람을 믿지 말라고 말씀하신 게 액면 그대로의 의미는 아니라고 생각합니다. 그러니 어떤 조건을 달든 상관없을 것으로 생각해요. 말 잘하는 사람이든 잘난 체하는 사람이든 뒷말하기 좋아하는 사람이든, 즉 무엇이든 상관없을 겁니다.

이런 말들은 결코 믿어서는 안 되는 유형의 인간이 존재한다는 경험치를 우리에게 가르쳐줍니다. 특정 유형의 사람을 표현하는 방법은 다양합니다. 그렇지만 어떠한 수식어를 사용하더라도 거기에는 공통분모가 존재합니다. 바로 '세상에는 결코 신뢰해서는 안 되는 종류의 인간이 있고 그런 인간을 골라내는 일은 쉽지 않다. 그러나 경험을 쌓다 보면 그런 부류에게 어떤 공통된 경향이 있음을 깨닫게 될 것이다.'라는 가르침입니다. 이는 부모라면 자녀가 일정한 나이가 됐을 때 반드시 가르쳐줘야 할 부분이라고 생각합니다.

일정한 나이가 됐을 때라는 조건을 붙인 이유는 너무 어릴 때부터 세상에는 믿지 말아야 할 인간이 있다고 이러쿵저러쿵 가르치면 아이의 성장에 방해가 될 수 있기 때문입니다. 어린아이에게 우선적으로 필요한 것은 배움인데요. 그러기 위해서는 마음을 열고 다른 사람을 대하는 무방비한 자세가 필요합니다. 그것을 빠뜨리면 아이는 자신을 닫아버립니다. 아이들이 무럭무럭 성장하길 바란다면 사람을 믿는 것, 남에게 몸을 맡기는 것부터 가르쳐야 합니다. 우선 아무도 너를 해치지 않는다는 보장을 해줘야 합니다. 아이가 부모의 전적인 보호 아래 있는 동안은 그것이 가능하겠죠.

하지만 언제까지나 부모 곁에 머물며 온실 속 화초처럼 자랄 수는 없는 노릇입니다. 언젠가는 아이들이 세상을 향해 발을 내디뎌야 합니다. 그리고 어딘가에서 자신을 지키는 방법을 익혀야 합니다. 세상에는 절대로 믿지 말아야 할 인간이 있다는 것은 주변 사람은 아무도 너를 해치지 않는다는 것을 가르친 후에야 비로소 가르쳐야 할 일이라고 생각합니다. 두 가지를 동시에 가르칠 수 없습니다(아이도 혼란스러워합니다). 일에도 순서가 있어요. 먼저 믿을 것을 가르치고, 그다음 믿지 말아야 할 것을 가르쳐야죠. 아이에게 사람 보는 눈을 길러줄 시기로는 열 살 정도가 적당하지 않나 싶은데요.

그런데 지금은 가정과 학교 모두 사람 보는 눈을 기르는 것을 가르치지 않습니다. 적어도 저는 부모나 교육 현장의 관계자들이 교육 목표로서 사람 보는 눈을 기르는 것에 대해 언급하는 걸 본 적이 없습니다. 하지만 사람 보는 눈을 기르는 것은 굉장히 중요한 일이지 않습니까?

속는 것도 일종의 악이다

최근 언론을 떠들썩하게 한 통일교 문제에 대해 여러 전문가가 의견을 피력하고 있습니다. 정치학자는 정교 분리에 대해 말합니다. 영감 상법*의 피해자 변호인단들은 사이비 종교의 법적 규제에 대해 말합니다. 대학에서 사이비 종교로부터 학생들을 보호할 의무를 가진 교직원들은 사이비 종교의 외형적인 구분법을 가르칩니다. 모두가 당연히 해야 할 일을 하고 있을 것으로 생각합니다만, 사람 보는 눈을 기르라고 가르치는 사람은 어디에도 없습니다.

자기에게 접근해오는 인간이 믿을 수 있는 인간인가 그렇지 않은가를 판별하는 감정안이 있으면, 사이비 종교에 세뇌당할 위험이 상당히 줄어들 것입니다(아예 0에 수렴한다고는 하지 않겠습니다). 그러기 위해서는 열 살 정도부터 어른들은 '세상에는 결코 믿어선 안 되는 유형의 인간이 존재한다. 그 특징은…'으로 시작하는 조언을 각자

---

* 옮긴이 주 : 단순한 단지나 인감, 장식물 등에 마치 초자연적인 영력이 있는 것처럼 말을 교묘하게 꾸며서 부당하게 비싼 가격으로 판매하는 상법을 의미한다.

의 경험치에 근거해 아이들에게 전해줘야 한다고 생각합니다.

패전 직후에 영화감독 이타미 만사쿠(이타미 주조의 아버지입니다)는 「전쟁 책임자의 문제」라는 매우 인상적인 글을 남겼습니다. 그 글은 전쟁을 돌아보며 '나는 속고 있었다'라고 말하는 사람들을 혹독하게 비판한 것입니다. 이타미는 '나는 무지했다, 나는 사람이 너무 좋았다, 나는 순수했다, 그래서 속았다'는 식으로 전쟁의 책임에서 벗어나려는 사람들을 향해 글로써 혹독한 회초리질을 했습니다. 그 일부를 인용해두겠습니다. 다소 길지만 가능하면 음독해보세요.

> 많은 이들이 전쟁에 속아넘어갔다고 한다. 모두가 이구동성으로 속고 있었단다. 내가 아는 범위 내에서 자기가 속인 쪽에 있었다고 한 사람은 단 한 명도 없다. 이쯤 되니 점점 알 수가 없다. 사람들은 속인 것과 속은 것의 구별이 분명하다고 믿지만 실은 착각인 것 같다. 이를테면, 민간인은 군이나 관에 속았다고 하지만, 군이나 관 관계자들은 죄

다 윗선을 가리키며 그들에게 속았다고 할 것이다. 그 윗선으로 가면 더 윗선에게 속았다고 할 게 틀림없다. 그러면 마지막에는 한두 사람만 남는 셈이 되는데, 아무리 그래도 겨우 한두 사람의 머리로 1억 명에 달하는 사람들을 속일 수는 없는 노릇 아닌가.

그렇다면 속이고 있던 인간의 수는 생각보다 훨씬 많았을 것이다. 게다가 그것은 속이는 전문가와 속는 전문가로 정확하게 나누어져 있던 게 아니라, 한 사람이 누군가에게 속으면 다음 순간에는 그가 다른 누군가를 붙잡아 속이는 것과 같은 일을 끝없이 반복하고 있었다. 즉, 일본인 전체가 서로 속고 속이는 데 열중해 있었다. (…) 나는 시험 삼아 제군에게 이렇게 물어보고 싶다. 제군은 전쟁 중 단 한 번도 자식에게 거짓말을 하지 않았는가? 의식적으로 거짓말을 하지 않았다고 하더라도 전쟁 중에 단 한 번도 자식에게 잘못된 것을 가르치지 않았다고 단언할 수 있는 부모가 과연 있을까.

불쌍한 아이들은 아무 말도 하지 않겠지만 만약 그들이 비판의 눈을 가졌다면 그들이 본 세상의 어른들은 한 명도 빠짐없이 전쟁 책임자로 보였을 터다. 우리가 진정으로 양심 있고 진지하게 생각한다면 전쟁에 대한 책임이란 그런 것이다. (…)

속았다는 것은 부정한 일을 저지른 이에 의해 피해를 입었음을 의미한다. 그러나 예로부터 그 어떤 사전에도 속는 게 옳다는 말은 쓰여 있지 않다. 속았다고 하면 일체의 책임에서 벗어나 무조건 정의파가 될 수 있다고 착각하는 사람은 정신을 차릴 필요가 있다. 나는 속는 것이 반드시 옳지 않음을 지적하는 데 그치지 않고, 나아가 속는 것 자체가 이미 하나의 악임을 주장하고 싶다. 속는다는 것은 지식이 부족한 데서 오지만 신념, 즉 의지 박약에서도 비롯된다. 불명(不明)을 사과한다는 옛말이 있다. 이는 분명 지능의 부족을 죄로 인정한다는 의미다. 속는 것 또한 하나의 죄이며 예부터 결코 좋은 일이라고 여겨지지 않았다.

　속는 것 자체가 이미 일종의 악이라는 이타미의 주장은 경청할 만한 식견이라고 생각합니다(다만, 이타미의 글을 사이비 종교 피해자에게 적용하면 매우 잔인하게 들릴 수는 있겠습니다). 사람 보는 눈이 있으면 상대가 정치인이든 군인이든 교사든, 혹은 종교인이든 쉽게 속지 않습니다. 사람 보는 눈을 기르고 그 사람의 지위, 사회적 위신, 학식 등과 관계없이 믿을 수 없는 인간은 믿지 않는다는 식견을 단단히 가지고 있었다면, 모든 일본인이 서로 속고 속이는 데 열중하는 끔찍한 사태는 피할 수 있었을 것입니다.

　이 따끔한 말이 당시 일본인에게 어떻게 가닿았을까요? 아마 별다른 울림은 없었을 겁니다. 왜냐하면 귀에 잘 가닿았다면 지금의 일본이 이 지경까지 됐을 리 없기 때문입니다.

　너무 길어져서 오늘은 이 정도로 해두겠습니다.

　그럼 이만.

　　　2022년 8월 13일

/

문득 교무실에 불려갔던
기억이 떠올랐습니다

우치다 선생님

넥타이 이야기를 꺼내는 바람에 주제에서
벗어나는 게 아닌가 염려했는데 제대로 안착시켜주셔서
감사합니다.

사람 보는 눈이라는 말은 용기와 마찬가지로 최근에
잘 쓰지 않게 된 표현이라는 생각이 듭니다. 아마도 그런
시대가 됐다는 거겠죠.

용기를 생각할 때 핵심이 되는 게 무엇인지, 또 무엇이
용기를 키우는지 진득하게 들여다보려고 했습니다만, 거
기에 닿기 전에 이번에도 역시 개인적인 에피소드에서부

터 시작하겠습니다. 좀 돌아갈 수도 있겠으나 들어주시기 바랍니다.

저는 고등학교 1학년 때 자전거 절도단의 일당으로 조사를 받은 적이 있습니다. 수업 중에 교무실에 불려갔는데 자전거 절도 현행범으로 붙잡힌 중학생 후배가 제가 도둑질을 부추겨서 훔쳤다고 진술했답니다. 사실 친구가 주모자라는 사실은 알고 있었지만 귀찮은 일에 휘말리고 싶지 않아서 모르쇠를 잡았습니다. 저는 결국 혐의가 남아 일주일 정학 처분을 받았습니다.

일주일이 지나고 학교로 돌아갔는데 왠지 분위기가 이상했습니다. 다들 저한테 뭐라고 말을 걸어야 할지 모르겠다는 듯 저를 멀리했습니다. 화장실에서 볼일을 보려고 소변기 앞에 섰는데 이른바 좀 논다는 친구 하나가 다른 쪽이 다 비어 있음에도 일부러 제 옆까지 왔습니다. 자전거 절도 때문인가 싶어 움찔했습니다. 그런데 그 친구는 볼일을 보면서 "널 믿으니까!"라는 한마디를 툭 던지고 가버렸습니다.

제가 잘못한 게 없다는 건 아닙니다. 절도에 대해 알고 있었고, 도난당한 자전거가 다른 용도로 사용됐으리라 짐작했습니다. 그럼에도 주범인 친구에게 따지지 않고 무시한 제 자신이 한심하기 짝이 없었습니다.

정학 처분 기간에 생활 지도 선생님이 독후감을 쓰라고 했습니다. 저는 미시마 유키오의 『금각사』를 읽고 범인의 심정이 이해가 간다는 내용의 독후감을 썼습니다. 이 일로 본의 아니게 비웃음을 샀습니다. 일련의 일들로 저는 제 자신을 가두기 시작했습니다. 당시 저는 고독감, 정의감, 소외감에 휩싸여 몸부림쳤던 것 같습니다. 이런 제 모습이 주변 사람들에게는 그저 이상한 녀석으로만 보였겠죠.

물론 '그때 나는 용기를 깨달았다'는 식의 동화 같은 이야기는 아닙니다. 하지만 선생님이 용기에 대해 편지를 주고받자고 했을 때 가장 먼저 떠오른 기억이었습니다. 다소 억지스럽더라도 주제와 연결지어 보자면 제 안의 뭔가에 닿았던 순간인지도 모릅니다. 그게 어떻게 용기와 연결될지는 잘 모르겠지만요. 질문의 형태로 정리하자면 다음과 같습니다. 사람은 시련의 시기를 어떻게 견디거나 맞서야 할까? 그리고 주위 어른들은 어떻게 대처하면 좋을까?

2022년 8월 18일

편지 4

네 번째 회신

/

직감을 따르는 것에는
깊은 맛이 있습니다

후루타니 님

안녕하세요. 편지를 받고 나서 시간이 꽤 흘러버렸네요. 죄송합니다. 실은 엄청 바빴어요. 일흔이 넘어 후기 고령자가 될 날이 얼마 남지 않은 마당에, 세상 사람들의 사람을 부리는 방법이 거친 것인지, 아니면 제가 거절을 잘 못 하는 것인지 노년의 즐거움과는 전혀 무관한 나날을 보내고 있습니다.

제 또래이거나 저보다 위인 사람들은 다들 일을 줄이는 방향으로 나아가고 있습니다. 계획하에 사업을 접기도 하고, 질병이나 노화로 본의 아니게 일을 줄이기도 합니다. 어쩔 수 없죠. 그런 식으로 젊은 세대에게 뒷일을 부탁하고 은거하는 것이 이치이니까요.

하지만 일정한 나이 이상만이 말할 수 있는 것들이 있습니다. '크레이지 캣츠가 만화에 준 영향은 어느 정도였나요? 1964년 도쿄 올림픽 때 국민적 열기는 어땠나요? 라디오에서 비틀즈의 「플리즈 플리즈 미」가 처음으로 흘러나왔을 때 기분이 어땠나요?' 같은 질문에 대한 대답은 오직 그 시대를 살아본 사람만이 할 수 있습니다. 사실 요즘 제게 들어오는 취재 요청 대부분이 그러합니다. 마치 현대사의 산증인인 늙은이에게 직접 듣겠다는 듯 말입니다.

일전에 「미시마 유키오 vs. 도쿄대 전공투(全共鬪)*」의 공개 토론회가 열린 1969년 5월 도쿄대 캠퍼스의 시대적 분위기에 대한 인터뷰를 했습니다. 영화감독이 40대였으니까 태어나기도 전이었죠. 저는 그 시절 고마바(駒場)의 900번 강의실에는 없었습니다만, 11개월 후에 같은 캠퍼스의 공기를 마셨으므로 시대의 공기 정도는 알려줄 수

* 편집자 주 : 1960~70년대 일본 대학가에서 활동한 급진적 학생 운동 조직.

있었습니다. 이는 제가 스무 살 무렵, 전쟁 이전의 시대를 산 노인에게 만주 사변 당시의 시대 분위기라든가 삼국 동맹 체결을 맞이한 민중의 기분을 묻는 것과 같습니다. '아, 나도 이제 그런 질문을 받는 늙은이가 됐구나.' 싶어 새삼 격세지감이 느껴졌습니다.

이후에도 1968년 하네다 투쟁 당시 야마자키 히로아키 군의 사망으로 인한 충격이나, 1972년 와세다 대학 내 몽둥이 살인 사건이 벌어진 무렵의 학생 운동 정체 등에 대해 '늙은이의 증언'을 해달라는 요청을 받았습니다.

만일 영상 작가나 다큐멘터리 제작자들에게 취재에 기분 좋게 응해주는 늙은이 리스트가 있다면 제 이름이 올라가 있을지도 모릅니다. 저와 같은 세대 중에는 더 극적인 경험이나 깊은 지식을 가지고 있는 사람이 얼마든지 있습니다. 다만, 그들은 개인적인 고집이 세서 이런 유의 취재에 가볍게 응하지 않을 것입니다.

일정 나이 이상의 사람이 아니면 알기 힘든 것에 대한 미디어 측의 수요가 꾸준함에도 불구하고, 이런저런 이유로 그런 걸 알려줄 수 있는 늙은이가 흔치 않은 탓에 제 차례까지 오는 게 아닌가 싶습니다. 덕분에 나잇값도 못 하고 여태 분주히 뛰어다니고 있습니다.

이상 최근 매우 바쁜 일정으로 답장이 늦어진 데 대한

변명이었습니다.

자신의 목소리를 발견해라

이번에도 꽤 깊이 있는 에피소드를 보내주셨네요. 그런데 전 이런 에피소드가 좋습니다. 아무리 곱씹어도 왜 그랬는지 이해되지 않는 과거의 행동 같은 것 말입니다. 보통은 귀찮은 마음에 단단히 봉인해서 기억 속 한쪽 구석으로 밀어넣어버리는데요. 사실 이런 에피소드는 인간의 깊이와 복잡성에 대한 보고라 할 수 있습니다.

대학에서 창의적인 글쓰기 강의를 몇 번 맡은 적이 있습니다. 짧은 수필 집필을 통해 학생들에게 자신의 목소리를 발견할 수 있게 하는 게 그 강의의 목표였습니다. 여기서 그 사람의 목소리라 함은 단지 개성적인 문체나 특징적인 어법이 아닙니다. 제가 의도한 자신의 목소리가 담긴 문체는 누구에게도 말하지 못한 이야기를 꺼낼 수 있게 도와주는 문체를 말합니다. 아무리 정형화된 문구를 외워도, 어휘를 늘려도, 수사에 숙달해도 그것만으로는 목소리를 낼 수 없습니다. 높은 절벽에서 뛰어내리는 것 같은 문체상의 모험을 감행하지 않으면 자신의 목소리는 만날 수 없습니다.

수업에서 시행착오를 거듭하다 보니 학생들이 언제 자신의 목소리를 의식하게 되는지 조금은 알 것 같았습니다. 그중 하나는 의미를 잘 모르는 경험에 관해 쓸 때였습니다. '어떤 계기로 문득 생각난 과거의 일이 있다. 그런데 그것이 나에게 무엇을 의미하는지 모르겠다. 이전의 어떤 일이 계기가 돼서 그리됐는지 모르겠다. 그것이 나중의 나에게 어떤 영향을 미쳤는지도 모르겠다.' 같은 경험이 문득 떠오르는 순간이 있어요. 그것은 해당 경험을 기술할 수 있는 문체(이것이 바로 자신의 목소리입니다)에 손끝이 닿았다는 뜻입니다.

결말도 교훈도 없지만 묘하게 사실적인 이야기를 쓸 수 있는 문체를 손에 넣었다면, 그 사람은 자신의 목소리를 목표로 올바르게 걷고 있다고 말해도 좋습니다. 그렇다고 해서 제가 콕 집어 '결말도 교훈도 없는 이야기를 쓰세요' 같은 과제를 학생들에게 내준 건 아닙니다. 몇 달간 수업을 하다 보니 자연스럽게 학생들의 손끝이 움직이게 된 겁니다.

한번은 '사생'을 과제로 내줬는데요. 마사오카 시키의 말대로 사생적 글쓰기는 자연을 옮겨 적는 일이자, 담박하고 꾸밈없는 묘사 속에 더없이 좋은 맛을 품는 일입니다. 저는 학생들에게 보고 겪은 일을 그대로 적으라고 했습니다. 스토리도, 기승전결도, 여분의 의미 부여도, 해석도 필요 없습니다. 오로지 옮겨 적기만 하면 됩니다. 그러면 다듬지 않았는데도 희한한 맛이 나는 단편 소설을 써 오는 학생이 나옵니다. 사생 쓰기를 계기로 글쓰기에 봇물이 터진 거죠.

한마디로 할 수 없는 것

후루타니 씨가 편지에서 정리되지 않은 이야기를 하기 시작한 것은 그 경험의 깊은 곳에 용기, 윤리, 금지 등 다루기 어려운 주제에 닿는 단서가 있다고 직감했기 때문입니다. 우리의 주제는 용기이지만 용기는 윤리, 금지, 자기 규범과 깊은 관련이 있습니다.

한번은 『맹자』의 한 구절을 인용했습니다. 스스로를 되돌아보고 바르다고 할 수 있다면 비록 천만 적이 막아서더라도 뚫고 나갈 것이라는 내용이었죠. 저는 이 문장을 용기를 생각할 때 끊임없이 되돌아가서 참조해야 할 한 문장이라고 생각합니다. 여기에 용기의 본질이 집약돼 있다거나, 모든 게 표현돼 있다는 의미가 아니라, 이 한 문장에 견주어보면 용기란 무엇인가에 대해 도저히 한마디로 말할 수 없다는 느낌이 들기 때문입니다. 그거면 된 겁니다. 아니 그것이어야 합니다. 정말 중요한 개념은 도저히 한마디로 말할 수 없기에 그것에 대해 계속 이야기해야 하는 겁니다.

논의에 앞서 "우선 이 키워드에 관해 일차적인 정의를 내리고 나서 이야기를 하자!" 같은 말부터 꺼내는 사람들이 있습니다. 같은 용어를 두고 제각각 다른 상태로 이야기하면 논의 진행이 더디므로 제대로 정의를 내린 다음에 시작하자는 의미에서 말입니다. 그런데 이처럼 무의미한 발언도 또 없을 것입니다. 논의할 대상이 하나로 똑 떨어지는 정의를 획득하지 못해서 논의를 하자는 건데요? 모두가 머릿속에서 제멋대로 정의를 내리는 탓에 문제가 일어나는 거잖아요.

요컨대, 정의를 내리지 않는 것부터 논의를 시작해도 상관없습니다. 처음에는 이야기가 지리멸렬하게 흘러도, 그사이에 점점 논맥이 갖춰져 중요한 논점이 밝혀지게 됩니다. 그리고 논의가 끝날 무렵에 이윽고 키워드의 정의에 대해 어느 정도의 합의가 형성되죠. 이처럼 정의는 논의 전이 아니라 후에 성립하는 겁니다.

일의적인 정의가 없는 말은 쓰지 말자고 하면 우리는 '신'이라는 단어를 사용할 수 없게 됩니다. 신은 인지(人知)를 초월한 대상이므로 정의할 수 없습니다. 그렇지만 우리는 정의가 불가능한 신이라는 말로 얼마든지 논의를 할 수 있고, 꽤 깊은 인간적 식견을 도출해내는 일도 가능합니다.

그러니까 용기에 대해서도 같은 방식으로 접근해보면 좋을 것 같습니다. 먼저 용기의 정의를 내리고 나서 대화를 시작하자고 했다면 저는 아무것도 쓰지 못했을 것입니다. 저는 이렇게 생각합니다. '용기란 무엇인지 물으면 즉답할 수 없다. 그래도 용기와 관계가 있을 법한 이야기는 안다. 그것을 하나하나 음미해가면 용기란 무엇인가에 대한 전모가 서서히 드러나게 된다.'라고 말입니다.

자신을 내던질 각오

이제는 후루타니 씨의 경험에 대해 생각해봅시다. 이 경험에 대한 후루타니 씨의 회상 포인트는 귀찮을 것 같아서 범인의 이름을 모른다고 했다는 데 있다고 생각합니다. 귀찮을 것 같았다는 말은, 어떻게 행동하는 게 적절한지 판단할 수 없다고 생각했다는 것입니다(라고 마음대로 결정해서 미안합니다). A, B 둘 중 하나를 고르라고 했는데 그럴 수 없어서 대답하지 않는 쪽을 선택한 것이죠.

'절도는 좋지 않은 일이다. 급우가 범인일 것이라고 교사에게 이르는 것도 좋지 않다. 어느 쪽의 좋지 않음이 더 무거운지 혼자서는 판정하기 힘들다. 교사 편에 설지, 급우 편에 설지 자신이 결정할 수 없다. 만일 어느 한쪽 편에 서면 상황은 지금보다 더 나빠질지 모른다. 그래서 판정하지 않기로 한다. 그리고 후루타니 씨는 벌을 받는다.'

뭔가 부조리한 이야기로 생각할 수 있지만 사실은 전혀 그렇지 않습니다. '중재'라는 메커니즘에 따라 일어난 사건이기 때문입니다. 또 이상한 이야기가 될 것 같은데요. 중재가 무엇인지 언급하기 위해 잠시 옆길로 새겠습니다.

가부키에 『산닌키치사 쿠루와노 하쓰가이(三人吉三廓初買)』라는 가와다케 모쿠아미가 쓴 유명한 작품이 있습니다. 이야기는 다음과 같습니다.

악당인 오조키치사가 밤거리에서 손님을 끌던 매춘부 하치를 죽이고 그녀가 갖고 있던 백 냥을 빼앗습니다. 거

96

기에 다른 악당인 오보키치사가 나타나 돈을 내놓으라고 하는 바람에 싸움이 벌어집니다. 거기에 또 세 번째 악당인 오쇼키치사가 나타나서 싸움을 말립니다. 그런데 이 오쇼키치사의 중재 방식이 꽤 깊이가 있습니다. 그는 일단 백 냥을 반으로 나눠서 두 사람에게 오십 냥씩 줍니다. 그리고 본인 몫으로 반밖에 돌아오지 않아 납득이 가지 않을 테니 자기의 팔을 잘라서 그것으로 협상하는 게 낫지 않은가, 하고 중재를 합니다. 이 이야기를 들은 두 사람은 오쇼키치사의 호협한 기상을 높이 사게 되고 셋은 의형제를 맺습니다.

오쇼키치사가 중재에 성공한 것은 백 냥을 이등분했기 때문이 아닙니다. 부족한 부분은 자신의 팔을 잘라서 줄 테니 납득해달라고 제안했기 때문입니다. 오쇼키치사는 두 팔을 잃어가면서까지 딱히 악당 두 명의 싸움을 중재할 의무가 없습니다. 그러나 그는 이런 싸움은 제삼자가 희생하지 않으면 수습되지 않음을 알고 있었습니다. 중재는 옳은 정답을 제시한다고 해서 성립되는 것이 아닙니다. 중재자는 자신을 내던질 각오가 필요합니다. 짊어져야 할 의무가 없는 고통을 짊어지는 이에게만 중재자의 자격이 부여됩니다. 이것은 인류학적 진리라고 해도 과언이 아닙니다. 그러니 오조키치사와 오보키치사도 그 취지를 이해하고 오쇼키치사를 형님으로 모시는 데 동의한 것입니다.

고등학교 시절 후루타니 씨의 행동은 오쇼키치사의 그것과 겉모습은 상당히 다르지만, 짊어질 의무가 없는 고통을 떠맡음으로써 교사와 학생 사이에 일어난 심각한 사태를 수습했다는 점에서 구조적으로는 같은 것이라고 생각합니다.

즉, '후루타니 씨는 교사와 학생 중 어느 쪽에 가담해야 할지 몰랐다. 어느 한쪽에 가담하면 거기서 발생할 대립은 상당히 깊은 상처가 될 것 같았다. 만약 자신이 굳이 책임질 의무가 없는 처벌을 애써 떠맡음으로써 이 대립이 격화되는 것을 막을 수 있다면 그것으로 중재를 완수하자고 생각했다.'라고 할 수 있습니다(실제로는 생각한 게 아니라 직감한 거겠죠).

하지만 이는 집합적 무의식에 뿌리를 둔 지혜이므로 고등학생은 이해하기 어려웠겠죠. 그래서 귀찮아져서, 즉 고교생의 예지적 판단으로는 벅찬 일이라는 것을 알아서 직감에 따르기로 한 것이죠.

후루타니 씨가 『용기론』이라는 기획을 생각해냈을 때

고등학교 시절의 그 에피소드를 떠올렸다는 건 상당히 의미 깊은 일이라고 생각합니다. 후루타니 씨의 행동을 용기 있었다고 평가한 사람은 아마도 없었을 것입니다. 하지만 틀림없이 용기와 관련 있는 행동이었습니다.

용감한 행동이란 명문화된 규칙이나 해야 할 일의 목록을 따르는 것이 아니라, 집단의 일원으로서 자신이 무엇을 해야 할지 모르게 됐을 때 직감에 이끌리는 대로 집합적 무의식에 뿌리내린 지혜를 따르는 것이기 때문입니다.

내용이 길어져서 오늘은 이 정도로 해두겠습니다. 다음 편지에서 개인적으로 당황스러웠던 일화를 소개해주세요. 이번 건은 너무 재밌었습니다. 그럼.

2022년 9월 8일

/

그건 한 가수
때문이었습니다

우치다 선생님

또다시 엉뚱한 에피소드를 씀으로써 선생님을 당황하게 만드는 것은 아닐는지 두근거리는 나날을 보내고 있었습니다. 밑도 끝도 없는 이야기에 맥락을 달아주셔서 감사합니다. 용기라는 주제로부터 점점 멀어지는 것 같아 걱정했습니다. 그런데 예상치 못한 방향에서 주제로 파고드는 선생님의 글 흐름에 전율을 느꼈습니다. 감사합니다.

곧 다음 에피소드를 보내드리려고 했는데 첫 번째 편지 때 언급되기 시작한 프로젝트를 동시에 진행하기 시작하면서 여유가 생기지 않아 손을 대지 못하고 있었습니다. 머릿속에 떠오른 것은 해치우는 게 낫다고 생각하는데, 막상 시작하면 눈앞이 까매져서 긴장만 잔뜩 하게 됩니다.

많은 사람들이 어떻게 하면 잘할 수 있을지 모르면서도 큰 방향만 봅니다(보는 느낌이 듭니다). 실패할지도 모르지만 그쪽을 향해 가면 뭔가 변할 것 같습니다. 잘 안 되면 그만두죠.

이런저런 이야기를 쓰다가 고등학교 때 일이 떠올랐습니다. 딱히 재능이 있는 것도 아니고, 머리가 월등히 좋은 것도 아니고, 어떤 직업을 갖고 싶다는 꿈이 있는 것도 아닌 평범한 학생이 진로를 결정하는 것은 예삿일이 아닙니다.

친구들과는 시험 점수가 어떻다느니, 전공이 어떻다느니, 하는 이야기를 나누었지만, 저에게는 막연하나마 하고 싶은 일에 대한 이미지가 있었습니다. 그 계기가 된 건 바로 유밍*이었습니다.

* 편집자 주 : 일본 가수 마쓰토야 유미를 친근하게 부르는 말.

부디 웃지 말아주세요. 설명을 좀 하겠습니다.

당시 시골 중고생들에게 가장 큰 정보원은 라디오였습니다. 저는 심야 방송에서 흘러나온 유밍의 「벨벳 부활절」을 듣고 충격을 받았습니다. 이전의 일본 노래에서는 듣지 못한 멜로디와 현실과 동떨어진 시적인 가사까지 신세계가 따로 없었습니다. 그것이 계기가 돼서 당시 '뉴뮤직'이라고 불리던 세계를 가까이하게 됐습니다. 그러면서 이런 세계를 경험할 수 있는 곳은 도쿄다, 도쿄에 가야 한다고 마음속 어딘가에서 생각하고 있었습니다.

당시 수험생으로서 현실적으로 어느 대학의 어느 학부를 지망할 것인지 고민해야 했습니다. 그러니 친구들과 적성에 맞는 학과나 현실적으로 합격이 가능한 대학 같은 이야기만 했습니다. 저는 어린아이 같은 꿈과 현실 사이에서 벗어나지 못했고 그러다 보니 공부에도 손이 가지 않았습니다.

고등학교 3학년이 되자 진로의 방향이 자연스럽게 정해졌습니다. 사실 저에게는 필연과도 같았습니다. 그제야 본격적으로 수험 공부를 시작할 수 있었습니다. 그때도 구체적으로 결정했던 것은 아닙니다. 단지 그쪽으로 가면 분명히 즐거울 것 같고, 반대로 그렇게 하지 못하면 망해버릴 것 같은 이미지가 그려졌을 뿐이었습니다.

저는 파울로 코엘료의 『연금술사』에서 '정말로 뭔가를 바랄 때 모든 우주가 협력해서 꿈이 실현되도록 도와준다'는 문구를 좋아하는데요. 그땐 온 우주가 저를 돕는 것 같은 들뜬 기분에 빠져 있었던 것 같습니다.

언제나처럼 밑도 끝도 없는 이야기라서 죄송합니다.

용기론과 뭔가 연결점이 있으면 좋겠습니다.

2022년 9월 15일

/

용기 이야기 전후로
세상이 달라 보입니다

우치다 선생님

용기 이야기를 한 지도 벌써 5개월가량 됐습니다. 그동안 선생님의 바쁜 일정에 가속도가 붙고 있는 것 같네요. 우리가 사는 세상에 예상치도 못한 일이 빈발해 선생님의 이야기를 듣고 싶은 사람들이 줄지어 서 있는 광경이 떠오릅니다. 각양각색의 사람들이겠지만 (아마) 선생님의 대답은 늘 일관돼 있을 거라고 생각합니다.

선생님이 말씀하신 용기에 왜 반응했는지 다시금 생각해봤습니다.

단순히 제 자신을 둘러싼 환경에 대한 불만이 트리거

가 됐다고 생각했습니다만, 용기와 관련된 게 아닐까 생각되는 경험들을 써 내려가며 깨달은 게 있습니다. 용기는 생명체로서 스스로를 탈피하기 위한 것이었을지도 모른다고 말이죠. 애벌레가 번데기가 되듯, 그리고 번데기가 나비가 되듯 '변태'를 위한 심신 반응의 일종이었던 겁니다. 실은 용기 이야기 전후의 세상이 달리 보이고 있습니다.

선생님이 개인적인 에피소드를 보내달라고 말씀하셨는데 또다시 추상론이 돼버려 죄송합니다. 줄곧 구체적인 것만 생각하다가 문득 떠오른 것이 의외로 중요할지도 모른다는 생각이 들어서 보내드립니다.

2022년 11월 2일

다섯 번째 회신 1

/

압박을 견디고
웃는 용기에 감동했습니다

후루타니 님

안녕하세요. 우치다 다쓰루입니다.

전에 다카하시 겐이치로 씨로부터 라디오에서 흘러나온 한마디가 인생의 분기점이 됐다는 이야기를 들은 적이 있습니다(다카하시 씨의 경우는 「나카지마 미유키의 올 나이트 닛폰」*이었습니다). 다카하시 씨는 대학을 중퇴하고 오랫동안 건축 현장에서 일하며 여러 가지 자격증을 따다 보

---

* 편집자 주 : 1967년부터 현재까지 방송을 하고 있는 일본의 전설과도 같은 심야 라디오 프로그램.

니 벌이가 꽤 좋은 장인이 됐다고 합니다.

그러던 스물아홉 살의 어느 섣달 그믐날, 방에서 고타쓰에 들어가 소주를 마시면서 라디오를 듣다가 '아, 이 사람 나랑 나이가 비슷하겠구나! 나도 소설을 써봐야겠다.'라는 생각을 했다고 합니다.

나카지마 미유키 씨가 특별히 다카하시 씨를 응원하는 발언을 라디오에서 한 것도 아니었는데, 목소리를 듣다 보니 갑자기 소설이 쓰고 싶어졌다고 합니다. 저는 충분히 그럴 수 있다고 생각합니다.

이런 게 다 있구나!

카세트 데크로 오타키 에이이치 씨의 「즐거운 밤샘」을 처음 들었던 때의 이야기를 해보려고 합니다. 저는 동료들과 함께 스키를 타러 가서 마작 게임을 했습니다. 동료 하나가 카세트 데크를 꺼내며 "마작할 때 BGM은 이게 딱이지." 하더니 오타키 씨의 새 앨범 「나이아가라 문」에 수록된 「즐거운 밤샘」을 틀었습니다. 1절 가사는 이러합니다. '마음이 맞는 동료가 모이니 즐겁네. 바로 시작하는 마작. 즐겁네. 1장 2장 멈출 수 없다. 멈추지 않는다. 즐거

운 밤샘. 내일은 쉬는 날.'

저는 말 그대로 벼락을 맞은 것 같은 충격을 받았습니다. 뭐랄까. 이런 게 다 있구나, 하는 느낌이었습니다. 입체감 있고 튀는 듯한 본격적인 뉴올리언스 사운드를 배경으로 오타키 씨가 흑인 블루스 가수 같은 가창법으로 '크레이지 캣츠' 같은 노래를 부르고 있었습니다. 보통 때라면 불가능한 조합이었습니다. 이를테면, 가볍게 해도 될 농담을 아주 본격적으로 치는 격이랄까요. 아주 수고스럽게 쓸데없는 마작 노래를 만들어 부른 거죠.

저는 돌아오자마자 지유가오카의 레코드점에서 「나이아가라 문」을 사서 테이프가 늘어질 때까지 들었습니다. 그리고 라디오 칸토에서 오타키 씨가 「고! 고! 나이아가라」라는 프로그램의 DJ를 하고 있다는 사실을 알게 돼 매주 방송을 청취했습니다. 이후 새 앨범이 나올 때마다 발매 첫날에 사러 가는 유쾌한 나이아가라*가 됐습니다.

후루타니 씨는 알고 있겠지만, 그로부터 30년 후쯤 제가 나이아가라라는 사실을 알게 된 한 편집자가 「유리이

---

* 옮긴이 주 : 오타키 에이이치의 음악 활동 및 그 외 활동을 열렬히 응원하는 팬을 가리킨다.

카」의 해피엔드 특집에서 멤버 네 명의 인터뷰를 기획했을 때 오타키 씨의 인터뷰어로 저를 추천해준 적이 있었습니다. 그러나 오타키 씨가 인터뷰를 고사해서 「유리이카」에는 오타키 씨 부분만 인터뷰 기사 대신 제가 쓴 장문의 「오타키 에이이치론」이 실렸습니다.

아마도 오타키 씨가 기사를 읽은 모양인지, 후에 같은 편집자가 다른 잡지사에서 「오타키 에이이치 특집」을 만들었을 때 흔쾌히 인터뷰 요청을 수락했습니다. 그러고 나서 메일로 연락을 주고받게 됐고, 그의 라디오 프로그램의 정기 게스트까지 돼서 후쿠오의 45스튜디오를 견학함으로써 팬이 누릴 수 있는 최고의 행복을 만끽했습니다.

「즐거운 밤샘」의 어떤 점이 저에게 전격적이었는지, 그로부터 40년 이상을 생각해왔는데요. 역시나 '이런 게 다 있구나'라는 말이 제 심정을 가장 잘 대변하는 것 같습니다. 저는 오타키 씨로부터 '하고 싶은 것을 해라. 주변에서 뭐라 하든 신경 쓸 필요 없어.'라는 메시지를 받았습니다. 오타키 씨는 보통 사람이라면 절대 하지 않을 일을 위험을 무릅쓰고 자신의 실존을 걸면서까지 해냈습니다. 그만큼 후세 사람들에게 격려가 되는 행위는 지금껏 없었다고 해도 과언이 아닐 겁니다.

「즐거운 밤샘」을 처음 들은 게 25살이었습니다. 대학은 졸업했지만 대학원에 떨어지고 직장도 구하지 못해 아르바이트로 연명하면서 2년 동안 이도 저도 아닌 시간을 보내고 있었습니다. 그때는 무엇을 하고 싶었는지 잘 몰랐습니다. 다만, 한 가지 확실한 건 회사 생활은 못 하겠다는 것이었습니다. 아무래도 무리였습니다. 저처럼 제멋대로인 인간이 사회생활을 할 수 있을 리 만무했습니다. 책을 읽고 원고지에 글을 쓰는 일로 먹고살 수 있으면 좋겠다는 막연한 희망은 있었지만 그 길로 가려면 어떻게 해야 하는지 몰랐습니다. 굳이 대학원에 가려고 했던 이유도 대학원에 입학하면 향후 2, 3년은 결단을 미룰 수 있었기 때문이었습니다(대학원도 두 번 떨어졌습니다).

정말 앞이 캄캄할 때였어요. 누구라도 좋으니 걱정하지 마라, 어떻게든 될 거다, 마음대로 살아라, 하고 말해주면 좋겠다고 간절히 바라고 있었어요. 이런 정신 상태로 「즐거운 밤샘」을 들으니 감정이 격해졌던 겁니다. 가사에서 어떤 감동을 받은 건 아닙니다. 그럴 만한 가사가 아니니까요. 그냥 마작이 신난다는 노래이거든요. 사실이 곡은 오타키 씨가 상업주의로 점철된 레코드 회사 사람들의 불안과 불신의 눈길을 뿌리치고 완성한 곡입니다.

113   편지 5

고작 마작 타령이나 하려고 그 많은 비용이며 뮤지션들을 동원한 거냐는 무언의 압박을 견디고 명랑하게 웃었을 오타키 씨의 용기에 감동했습니다.

여기까지 9월 20일에 쓰고, 그대로 한 달이 지나버렸습니다. 이후에 무엇을 계속 쓸 생각이었는지 지금은 기억나지 않습니다. 일단 이 이야기는 일단락된 것 같으니 우선 후루타니 씨의 이전 메일에는 이것으로 답장을 한 걸로 하고, 다음에 정식으로 두 번째 메일에 답하겠습니다. 답장을 못 드리고 있었는데 그다음 메일이 또 왔네요. 멍 때리고 있어서 정말 미안합니다.

2022년 11월 3월

/

지성은 물음에 닿을 때
활성화됩니다

후루타니 님

안녕하세요. 우치다 다쓰루입니다.

메일 고맙습니다. 알고 계신 대로 정말 바쁩니다. 전에 책 일곱 권을 동시에 집필 중이라고 말씀드렸는데요. 두 권은 끝냈고 지금은 이 책 외에 네 권을 더 쓰고 있습니다.

물론 효율성 면에서는 어느 한 권에 집중해서 마무리하고 다음 책으로 넘어가는 게 좋겠지만, 여기저기서 독촉을 받는지라 그렇게 하진 못하고 여러 원고를 동시에 조금씩 쓰는 형편입니다. 마치 다중 채무를 진 사람이 금

융업자—우시지마 군* 같은—사이를 누비며 조금씩 이자를 갚고 하루하루를 넘기는 기분이 듭니다.

하지만 어쩔 수 없습니다. 다 제가 자처한 일이니까요. 일을 맡을 때 막연하게 재미있을 것 같은 생각이 들거든요. 뭔가 쓰고 싶은 마음이 샘솟는 것 같은 느낌이 든달까요. 제안하는 기획을 보면 이참에 지금까지 한 번도 써본 적 없는 새로운 아이디어가 떠오르지 않을까, 하는 기대감이 들기도 합니다.

이전에 쓴 글과 비슷한 제안에는 마음이 크게 동하지 않지만, 지금까지 한 번도 생각해본 적 없는 주제를 제안받으면 저도 모르게 그만 들뜨게 됩니다. 제 천성이 그렇습니다. 스스로 힘들어질 것을 알면서도 하지 않고는 못 배기죠.

* 옮긴이 주 : 만화 『사채꾼 우시지마』의 주인공 이름. 막장 인생을 사는 사람들에게 돈을 빌려주고 열흘에 50%라는 이자를 붙여 회수하는 사채 회사 카우카우 파이낸스의 사장인 사채업자 우시지마 카오루 일행, 그리고 이들과 엮이는 많은 인간 쓰레기들을 무덤덤하게 보여준다. 다양한 인간 군상이 등장하는 옴니버스식 스토리로, 대체로 암울한 결말을 맞이하지만 개중에는 훈훈한 결말도 나온다.

지성의 기어를 올리다

그러고 보면 저에게 기고나 강연 의뢰를 주는 이유가 제가 유익한 정보를 제공할 수 있어서는 아닌 것 같습니다. 정보나 특정 문제에 대한 답은 저보다 백 배는 더 잘 아는 전문가들에게 물어보면 되니까요.

저에게 오는 이들은 '어떤 식으로 물음을 던지면 좋을까요?'와 같은 유형의 질문을 던집니다. '우리 앞에 어떤 문제가 있는지 잘 모르겠다, 대답이 아닌 질문 방법을 알고 싶다' 같은 질문 말입니다. 이런 질문에 대해서는 '이건 문제고 이건 답이다'라고 쓰지 않습니다. 그 사람들이 묻고 싶은 건 그게 아니기 때문입니다.

보통 묻는 이유는 해답을 구하는 데 있지 않습니다. 저는 물음을 던지는 것은 문제의 소재를 제시하는 것, 문제를 우리 눈앞에 드러나게 하는 것, '여기에 난제 있음'이라고 밑줄을 긋는 것과 같다고 봅니다. 적절한 방식으로 물음을 던지는 것은 문제의 정답을 맞히는 것만큼(경우에 따라서는 그 이상으로) 가치 있는 일이기 때문입니다.

사실 물음에 대한 답을 얻으면 거기서 이야기가 마무리되잖아요. 아, 그렇군, 하고 무릎을 탁 치며 납득하면서요. 이렇게 마음이 정리된다면 꽤 괜찮은 일입니다. 말하자면 더 이상 생각하지 않아도 된다는 뜻이거든요. 한마디로 작업 종료라는 의미죠. 물론 정기적인 휴식이 살아가는 데 필요하듯, 정기적으로 정답을 복용하고 뇌를 쉬게 하는 일은 유의미합니다. 하지만 그것은 어디까지나 휴식이지 활동은 아닙니다. 적절하게 질문을 던지는 것은 비유적으로 말하자면 지성의 기어를 올린다는 것입니다. 액셀을 밟으면 엔진 회전율이 높아지면서 차체가 떨리기 시작하고 달릴 생각에 설레기도 합니다.

달리다 보면 언젠가는 목적지에 도착해 차를 세우고 엔진을 끕니다. 이 차를 세우고 시동을 끄는 행위가 정답을 얻는 것이고, 시동을 걸고 운전대를 잡는 행위가 물음을 설정하는 것입니다. 이렇게 빗대어 표현하면 좀 더 이해하기 쉽지 않을까 싶습니다. 보통 목적지에 도착해 차를 세우기 위해 시동을 건다고 생각하진 않죠. 즉, 우리는 멈추기 위해 달린다는 틀에서 생각하지 않습니다. 게다가 애초에 차를 세우는 데 궁극적 목적이 있다면 딱히 좋은 차가 필요하지도 않습니다. 멈추는 게 목적인데 차량의 성능이 좋을 하등의 이유가 없습니다.

저는 지성이라는 장치의 성능을 향상시키는 것이 지성의 최우선 과제라고 생각합니다. 이 세계에서는 다음에 무슨 일이 일어날지 모르지 않습니까. 완전한 미지의 상황에 던져져 전지전능을 다해 살아남아야 합니다. 이 경우에 필요한 것은 그런 상황에 대처할 수 있는 능력입니다. 어떻게 해야 할지 모를 때 어떻게 해야 할지 아는 능력 말입니다. 어떻게 해야 할지 알 때는 적절한 행동을 취하지만 어떻게 해야 할지 모를 때 얼어붙는 개체는 위기 상황에서 살아남을 수 없습니다.

인류는 탄생한 이래로 줄곧 어떻게 하면 지성의 활동이 가장 활성화될 것인가를 생존 전략상의 최우선 과제로 삼아왔다고 생각합니다. 다시 말해, 어떻게 해야 할지 모를 때 어떻게 해야 할지를 아는 것, 답을 모르는 물음에 대해서 대략적으로라도 맞히려는 것이 최우선으로 개발해야 할 능력이었을 겁니다.

철학자는 이상하다

철학은 '인간의 머리는 어떻게 하면 좋아질까' 같은 수행적 과제를 위해 인위적으로 만들어낸 일종의 장치 같은 게 아닐까 생각합니다. 물음에 정답을 맞히는 것이 시급한 게 아니라, 물음에 답하고자 아등바등함으로써 지성을 실천하는 능력을 향상시키는 데 초점을 두는 거죠. 이러한 뛰어난 지성을 갖추고 있으면 행여 무슨 일이 발생하더라도 살아남을 확률이 높아집니다. 철학은 그런 굉장히 실리적인 장치가 아닌가, 하는 생각이 들거든요.

철학은 고대 그리스에서 탄생했습니다. 그런데 이 고대 그리스 철학자들이 말하는 내용이 다 좀 이상합니다. 탈레스는 만물의 근원을 물이라고 하고, 헤라클레이토스는 만물의 근원을 불이라고 합니다. 제논은 아킬레스가 거북을 따라가지 못한다고 하고요. 다들 세계사 수업에서 배웠을 텐데요. 이상하다고 생각하지 않았나요? "이 아저씨들이 무슨 소리를 하는 거야? 상식적으로 그럴 리가 없는데."라고 말이죠.

그러니까요. 이상합니다.

하지만 이 철학자들은 모두 쉽게 반박할 수 없는 명제를 함께 제시했습니다. 탈레스도 만물의 근원이 물이라고 진심으로 생각했던 것은 아닌 모양입니다. 일단 단언해보고 나서 여러 가지 반론을 명제로써 차례차례 논박했던 걸 보면 말입니다. 즉, 진심은 아니나 아주 날카로운 명제였습니다. 자신과 겨뤄볼 사람이 없는지 도발하기 위한 수단이었던 겁니다. 플라톤이나 소크라테스도 마찬가지입니다.

왜 그런 일을 했을까요? 그 이유는 반박하기 어려운 명제를 생각해내서 들이대면 다들 필사적으로 논박하려고 달려들어 결과적으로 머리가 좋아지는 것을 경험적으로 알고 있었기 때문입니다.

고대 그리스에 파르메니데스라는 철학자가 있었습니다. 이 사람도 보통이 아니었습니다. 이 사람이 만든 이상한 명제는 '있는 것은 있다/없는 것은 없다'입니다. 어디가 이상한가 생각하시겠지만, 파르메니데스는 이도 저도 아닌 건 없다고 생각했습니다. 즉, 생성 변화 자체를 부정한 것입니다.

예를 들어, 무엇인가가 성장하는 현상이 있다 칩시다. 그런데 성장하기 전에 있던 것과 성장한 후에 있는 것의 동일성은 어떻게 증명할 수 있을까요? '알은 병아리가 아니고 병아리는 알이 아니다, 꽃봉오리는 꽃이 아니고 꽃은 꽃봉오리가 아니다'는 아무리 봐도 다른 것입니다. 하지만 어떤 것이 다른 것으로 변화했음에도 불구하고 거기에는 동일성이 유지되고 있다고 주장하려면, 어딘가에 'A이며 비(非)A다'라는 이행기의 어중간한 상태—반은 알이고 반은 병아리라는, 마치 「에일리언 4」의 화물 같은―가 있어야 합니다. 그런데 '무엇인가가 A이고 비A다' 라는 것은 모순율에 어긋납니다. 그렇기에 파르메니데스는 우리가 생성이나 변화라고 부르는 것은, 별개의 것을 동일한 것으로 생각함으로써 생긴 환영에 지나지 않는다고 말합니다.

하지만 상식적으로 생각해서 파르메니데스의 말은 이상한 구석이 있습니다. 파르메니데스의 존재론은 우리의 경험적 실감과 명백히 어긋납니다. 실제로 우리가 사는 세계는 생성하고, 소멸하고, 변화하는 어중간한 것에 의해서 채워지고 있으니까요.

파르메니데스는 누구나 꽃과 꽃봉오리가 같은 것이라는 사실을 알지만 그 신체 실감을 논리적으로 증명하는 일은 상당히 어렵다는 것을 밝히는 데 목적이 있었던 게 아닌가 싶습니다. 이 세상에는 신체 실감은 확실하지만 그것을 논리적인 말로 대체하기 어려운 일이 존재합니다. 그러나 역설적이게도 이런 것들로 인해서 우리의 생활 경험은 충족되고 있습니다.

어쨌든 고대 그리스 철학자들은 신체 실감은 확실하지만 말로 잘 표현할 수 없는 것을 어떻게든 말로 하려고 고군분투하다 보면 인간의 머리가 좋아진다는 사실을 깨달았던 겁니다.

이치를 만지작거리다 보니 뇌의 용량이 커진 거죠. 용량이 확대된 뇌를 가진 개체는 그렇지 않은 개체보다 살아남을 확률이 높습니다. 인류가 태고의 어느 시점에서 그 사실을 발견했던 겁니다.

신(信), 공(空), 인(仁), 도(道)가 무엇인지 인간은 말할 수 없습니다. 하지만 인간은 그것이 무엇인지 말하지 못하는 것에 대해서도 깊이, 철저하게 사유할 수 있습니다. 그렇게 하다 보니 뇌 기능이 폭발적으로 향상된다는 것을 경험적으로 실감했습니다. 철학하는 습관을 지닌 집단이 철학하는 습관을 갖지 못한 집단보다 위기 상황에서 살아남을 확률이 높음을 오랜 시간에 걸쳐 보고 익힌 거죠.

인류가 여러 가지 어려운 문제를 제기해온 것은 물음에 답하기 위해서가 아니라, 그에 따라 지성 실천력을 향상시킴으로써 집단으로서 살아남을 가능성을 높이기 위해서였다는 데에 철학의 인류학적 의의가 있지 않을까 생각합니다.

멀리 돌아왔는데요. 물음에 정답을 맞히는 능력보다 지성이 활성화되는 물음을 세우는 능력이 지성에게는 더 본질적이지 않을까, 하는 이야기를 하던 참이었습니다.

얼마 전 온라인에서 한국의 청중을 대상으로 '말과 몸'이라는 주제로 강연을 했습니다. 강연 제목은 '말과 몸은 왠지 같은 작동을 하고 있다는 생각이 드는데 잘은 모르겠습니다'라는, 결론이 없는 것이었습니다.

이런 종류의 제목은 저를 설레게 합니다. 1시간 40분이 넘게 이야기를 했는데요. 나중에 한 청중으로부터 "이것으로 반년은 살아갈 수 있을 것 같습니다."라는 기쁜 감상을 들었습니다. 어려운 문제를 일도양단으로 해결해 준 덕분에 납득이 가서 고맙다는 게 아니라 "무슨 얘기인지 잘 모르겠지만 머리가 핑핑 돌기 시작했어요. 고맙습니다."라는 말을 들은 게 더욱 기뻤습니다.

그레고리 베이트슨의 『마음과 자연』이라는 책에 희한한 맛이 나는 에피소드가 있습니다. 지금까지 몇 번이나 책에서 인용됐기 때문에 후루타니 씨도 읽었을 것으로 생각합니다. 이런 이야기입니다.

　　　한 과학자가 슈퍼 컴퓨터에 "컴퓨터는 인간과 똑같이 사고할 수 있는가?"라는 질문을 입력했습니다. 기계는 잠시 연산한 후 답을 내놓았습니다. 달려가서 프린트물을 확인해 보니 다음과 같이 쓰여 있었다고 합니다 (1970년대 이야기임을 감안해서 들어주세요).

THAT REMINDS ME OF A STORY

"그러고 보니 이런 이야기가 생각났다."라는 것이 컴퓨터의 대답이었습니다.

― 그레고리 베이트슨, 『마음과 자연』

인간 지성의 본질에 대해 실로 깊은 통찰을 담고 있는 이야기입니다. "컴퓨터는 인간과 똑같이 사고할 수 있는가?"라는 물음으로 인해 기계의 지성이 활성화된 것입니다. 그리고 질문을 받음으로써 이야기를 하나 떠올렸습니다. 아마도 베이트슨은 이렇게 말하고 싶었던 것 같습니다. 지성의 본질이란 물음에 답하는 것이 아니라 어떤 물음을 접함으로써 활성화되고 생각지도 못하는 방향으로 벗어나는 것이라고 말입니다.

앞서 한국의 청중도 어떤 해답을 찾기 위해 강연을 들으러 왔는데 듣다 보니 여러 가지 이야기가 떠올랐고 그 이야기 덕분에 6개월을 살 에너지를 얻었다고 하니, 강연자인 저로서는 충분한 보람이 있는 거죠.

후루타니 씨가 쓰신 것처럼 후루타니 씨에게는 아무래도 용기라는 말이 키워드였던 것 같습니다. 그것이 계기였던 거죠. 과학자가 컴퓨터에 입력한 물음에 컴퓨터가 활성화된 것처럼, 그 문자열을 본 순간 후루타니 씨에게 몇 가지 이야기가 생각난 게 아닐까 싶습니다.

이것으로 오늘 이야기는 마무리하고자 합니다. 그럼 이만.

2022년 11월 3일

/

용기가 사라진 시대에는
무슨 일이 생길까요?

우치다 선생님

편지 두 통을 한꺼번에 보내주시다니 감사합니다. 유밍 이야기에 오타키 에이이치 씨 에피소드로 화답해주셔서 깜짝 놀랐습니다. 청춘에게 음악의 영향력은 정말 대단한 것 같습니다. 음악성이나 취미 같은, 인생과 별 상관없어 보이는 것들이 몸과 마음의 중요한 뭔가를 건드리잖아요. 과연 그게 뭘까요? 한데 나이가 들면서 그런 것을 경험하지 않게 돼서 그 또한 희한합니다.

게다가 거기서 시작해서 지성과 철학의 이야기로 이어지다뇨! 이 한 통만 몇 번이라도 읽고 싶은 마음이 굴뚝

같지만, 여기에 깊이 빠져 있으면 다음 편지에 무리가 갈 것 같아 생각나는 대로 답장을 쓰기로 했습니다.

지난번 에피소드의 후속편입니다. 대학에 무사히 입학했으나 그야말로 혈혈단신이었습니다. 이모의 지인이 마련해준 오타쿠(大田区) 아파트는 창문을 열면 30cm 앞에 이웃집 벽이 있고 재래식 공동 화장실 냄새가 코를 찌르는 곳이었습니다. 방에 물건이라고는 시골집에서 기차가 탁송하는 수화물로 보내준 이불 한 채와 귤 한 상자, 그 위의 카세트 데크가 유일했습니다. 압도적인 해방감을 맛보는 한편 이후 삶이 어떻게 되려나 생각이 많아졌습니다.

그런데 개강 후 계속해서 새로운 사람을 만나게 됐습니다. 대학에 입학하고 사흘째였나 오리엔테이션에서 노래하던 여학생에게 첫눈에 반했습니다. 입학하고 일주일 만에 저에게 중요한 인간관계가 완성되는 이른바 빅뱅이 일어났습니다. 휴대 전화나 스마트폰은 고사하고 전화도 없던 시대의 일입니다. 서로 어떻게 연락을 주고받았고, 친구나 연인이 됐는지 지금으로서는 상상조차 할 수 없습니다. 한 치 앞이 보이지 않을 때 몸에서 무언가를 요구하고 있었던 것일까요.

대학 입학 후 어느 정도 시간이 흐르고 나서, 친구의 권유로 당시 부상하던 알파 레코드라는 회사에서 아르바이트를 하게 됐습니다. 맞습니다. 유밍을 데뷔시킨 전설적인 회사입니다. YMO가 막 뜨기 직전이었고, 타모리도 음반을 내고 있었습니다. A&M 레이블도 보유하고 있었는데 그쪽에서는 폴리스를 홍보하느라 눈이 핑핑 돌 정도로 바빴습니다. 아침에 출근하면 아르바이트생과 접수원밖에 없고 호소노 하루오미* 씨가 회사에 나와도 직원들은 아무도 없었습니다. 그래서 아르바이트생이 대응할수밖에 없었습니다. 아마 당시 직원들은 철야 작업을 한게 아닌가 싶습니다. 회사 일이 끊임없이 내려왔기에 필연적으로 대처하지 않을 수 없다 보니 아르바이트생인 저에게도 자극이 되는 직장이었습니다.

* 옮긴이 주: 호소노 하루오미(細野晴臣, 1947년 7월 9일~) 는 일본의 음악가, 가수, 작곡가, 프로듀서다. 그는 일본 대중음악 역사상 가장 영향력 있는 음악가 중 한 명으로 여겨지며, 수십 년 동안 일본뿐 아니라 국외의 대중음악에도 영향을 미치며 일본 대중음악의 사운드를 형성한 인물로 인정받고 있다. 그런 거물인 그가 회사를 방문했을 때조차 응대할 직원이 없을 정도로 당시 회사는 바쁘게 돌아갔다는 의미다.

가와조에 쇼로 씨는 아시죠? 그가 최근 펴낸 책 『코끼리의 기억』(DU BOOKS)에 알파 레코드 시절 에피소드가 있었습니다. 어느 날 무라이 구니히코 사장은 회사의 경영 방침을 만들기로 마음먹었습니다. 그 경영 방침이라 함은 이러했습니다.

1. 나돌아다니면 뜻하지 않은 행운을 만난다.
2. 이왕 나쁜 일을 시작했다면 끝까지 한다.
3. 밑져야 본전이다.

가와조에 씨도 이 말에 대찬성해 회의실에 붙여뒀다고 합니다. 최고의 이야기라고 생각하지 않으세요? 이렇게 솔직하게 회사의 경영 방침을 제시한 유례는 없을 겁니다. 이것이야말로 진정한 창의성이라고 속으로 외쳤습니다. 회사 입장상 콘셉트, 업계 현황, 성과 등을 염두에 두지 않을 수 없는 상황에서 엉뚱한 경영 방침의 파괴력이야말로 창조의 원점이 아닌가 합니다. 물론 경영적인 관점에서는 다소 문제가 있다고도 생각합니다만.

지지난번 편지 이후 모두 70년대에 대해 써봤습니다. 그 시절 일본은 고도 성장기에 있었음에도 뭔가를 향해 계속 달려가고 있었던 것 같습니다. 어쩌면 이것은 용기라기보다는 기세에 가까웠는지도 모릅니다. 하지만 지금의 용기가 없어진 시대와 비교했을 때 격세지감이 느껴진다는 점에서는 일치합니다. 이런 현상을 시대 탓이라고 단언해도 좋은 것일까요? 아니면 다른 뭔가가 일어나고 있는 것일까요? 선생님은 어떻게 생각하시는지요.

2022년 11월 9일

여섯 번째 회신

/

현대인은
심술궂어졌습니다

후루타니 님

안녕하세요. 우치다 다쓰루입니다.

메일을 받은 지 한 달이 지났네요. 답변이 늦어져 죄송합니다.

매번 사과로 시작하는 것이 좀 그렇긴 합니다. 이걸 책으로 읽게 될 사람들은 이젠 잘 알았으니 이런 도입부는 생략해도 좋다고 생각할 수도 있겠네요. 그렇다 하더라도 답장이 지연될 때마다 제대로 사과하지 않으면 안 됩니다. 세상은 그런 거니까요.

의발*을 잇는 일

답장이 늦어진 것은 여느 때처럼 무척 바빴기 때문입니다. 루틴 밖의 일들—여기저기 강연을 다니고(한국에도 다녀왔습니다), 온라인에서 대담을 하고, 원고를 쓰고, 교정지를 보고, 띠지 문구와 서평을 쓰는—이 밀려와 한가롭게 책상에 앉을 여유가 없었습니다.

고희가 지난 인간에게 왜 이렇게 일이 들어오는지…. 전에도 썼지만 지금까지 여러 사람이 분담하고 있던 일을 맡을 사람이 점점 없어졌기 때문인가 봅니다.

제 경우 20대 때부터 하시모토 오사무, 가토 노리히로, 오타키 에이이치 같은 1948년생 형들이 아이돌이자 선배였습니다. 그들의 뒷모습을 보며 그들을 따라가면 괜찮다는 안도감이 들었습니다. 하지만 세 사람 다 연달아 세상을 떠났습니다. 좋아하던 사람이 없어져서 쓸쓸하다는 감정은 아무것도 아니었습니다. 왜냐하면 지금까지 이들이 맡아온 전선(戰線)은 누가 지켜야 하는지와 같은 현실

---

* 편집자 주 : 불교에서 스승이 제자에게 전하는 가르침과 정신을 상징하는 물건으로, 여기서는 스승의 가르침이나 전통을 계승하는 일을 뜻한다.

적인 문제에 직면했기 때문입니다.

예를 들어, 소설가로서의 하시모토 씨가 빠진 구멍은 그대로도 좋다고 생각합니다. 그 공백이 뼈저리게 사무치는 형태로 하시모토 오사무 씨의 위대함은 통감되니까요. 하지만 하시모토 씨가 수많은 수필을 통해 젊은이들을 위해 하고 있던 설명하는 일은 누군가가 대체하지 않으면 안 되잖아요. 하시모토 씨는 자본주의, 문학, 종교, 가족, 교육 등은 무엇인가와 같은 근원적인 질문에 대해 어린 학생들도 이해하기 쉽도록 풀어주는 일을 온 힘을 다해 맡고 있었습니다.

하시모토 씨만큼의 재능은 없지만 이 분야라면 저도 약간은—정말 조금이지만—대신할 수 있을지 모른다고 생각했습니다. 그렇게 해서 자본주의론이나 교육론을 써오지 않았나 싶습니다. 그것은 가토 씨도 마찬가지라 돌이켜보면 최근 2~3년 동안 쓴 정치에 관한 글은 모두 저 세상에 있는 가토 씨를 독자로 삼아 써온 것 같기도 합니다.

오타키 씨의 경우는 음악 쪽이라 저로서는 '의발을 잇기 위해' 할 수 있는 일이 없습니다. 다만, 이런 사람이 있었다는 사실을 젊은 사람들에게 전해 그들의 용기를 북

돋우고 싶을 뿐입니다.

오다지마 다카시 씨는 저보다 여섯 살 어리지만, 저에게는 젊었을 때부터 아이돌이었습니다. 그는 올해 6월 세상을 떠났습니다. 그가 떠난 지 아직 반년밖에 안 됐기 때문에 그가 남긴 빈자리가 어느 정도인지 실감이 나지 않습니다. 가끔 오다지마 씨가 있어야 할 자리에 없을 때 '아, 그 사람 이제 없지.' 하며 먼 곳을 바라볼 뿐입니다.

오다지마 씨의 경우는 분명 그의 부재를 메워야 한다는 의무감을 느끼고 있는 글쓴이가 보다 젊은 세대에서 나오리라 생각합니다. 그래도 히라카와 가쓰미 군이나 나나 그가 담당하고 있던 전선의 일부를 물려받은 것처럼 느끼고 있습니다. 친구는 그런 거니까요.

지금까지 뒷모습을 보고 따라가거나 함께 공동 전선을 펼치던 선배며 전우들이 하나둘 세상을 떠났으니, 그들이 맡고 있던 전선을 누군가가 (아무리 힘이 없다고 해도) 지탱해야 한다고 생각해서인지 무심코 일이 늘어나버리는 것입니다. 딱히 누구한테 부탁 받은 것도 아니라서 정말 오지랖 넓은 일이긴 합니다만, 그래도….

기세가 존재했던 시대

그럼 본론으로 돌아가겠습니다.

알파 레코드 얘기 재밌네요. 1970~90년대의 조직은 모두 기세가 있었습니다. 기세라는 것은 단지 돈을 버는 데만 국한되는 게 아닙니다. 어쨌든 일이 점점 늘어나는 거죠. 그것도 안 해본 일이요.

저는 1975년에 대학을 졸업한 후 2년 가까이 정규직을 구하지 못하고 빈둥대고 있었습니다. 일단 대학원 재수생을 자칭했기 때문에 프랑스어와 프랑스 문학사 공부만은 하루에 서너 시간 정도 했는데요. 나머지 시간은 자유였습니다. 하지만 집세도 내야 하고, 밥도 먹어야 하고, 술을 마시거나 마작을 하거나 스키를 타러 가야 했으므로(반드시 그래야만 했던 것은 아니지만) 생활비를 벌 수밖에 없었습니다.

당시의 생업은 거의 친구에게 부탁 받은 것이었습니다. "우치다, 한가하지?"라는 말과 함께 일이 들어왔습니다. 부탁 받은 일은 과외든 뭐든 다 했습니다. 주요 수입원은 영어와 프랑스어 번역이었습니다. 그 일만 해도 먹고살 수 있었으므로 아주 열심히 했습니다. 게다가 번역일은 대학원 준비에도 도움이 된다고 생각해 부탁 받은

138

일을 닥치는 대로 했습니다.

나중에 그 무렵 자주 일하던 번역 회사에서 내근 아르바이트를 했을 때 외주 번역자 리스트를 우연히 본 적이 있었는데, 그중에 저에 대한 언급도 있었습니다. 뭐라고 쓰여 있나, 하고 살짝 봤더니 '기술 번역은 약하지만 일은 빠르다. 요금은 최저 등급.'이라는 평점이 붙어 있었습니다. 저는 빠르고 저렴한 패스트푸드 같은 번역가였습니다.

1977년 말에 히라카와 가쓰미 군으로부터 "번역 회사를 차릴 건데 너도 합류하지 않을래?"라는 권유가 있었습니다. 히라카와 군은 제가 아르바이트를 하던 번역 회사로 저를 끌어들인 장본인이었는데요. 일하는 노하우를 빨리 익혀 정직원이 됐습니다. 바쁘게 일했지만 회사 환경이 상당히 열악했고 번역가나 통역가가 중간에 일을 빼가는 경우가 허다했습니다. 그리하여 노동 분배율이 좀 더 높고 마음 편하게 일할 수 있는 환경을 만들고자 독립을 하게 됐습니다.

그때 히라카와 군의 권유로 하나둘 창업 멤버로 참여하게 됐습니다. 돌아보면 그때는 일본 기업이 종합 상사를 선두로 전 세계로 치고 나간 시기였습니다. 그들은 온갖 것을 세계 각국에 팔았습니다. 댐, 화력 발전소, 철도

등 종합 상사가 일종의 창구가 돼줬습니다. 일의 규모가 컸으므로 계약서부터 기계 사양서까지 번역 문서는 말 그대로 킬로그램 단위로 발생하고 입찰 기한이 꽤 빡빡했기 때문에 번역의 정밀성 따위는 신경 쓸 틈이 없었습니다. 어쨌든 일본어로 어떤 느낌인지만 알 수 있으면 된다고 해서 인해전술로 번역에 임했습니다.

우리 회사는 '일이 빠르다, 값이 싸다'에 더해 '진행이 빠르다'는 특징이 있었습니다. 어쨌든 직원이 네 명뿐이었고 전원이 임원이었으므로, 거래처와의 미팅에서 어떤 요구를 받았을 때 그 자리에서 결정할 수 있었습니다. 다시 말해, "일단 들어가서 윗분과 좀 상의해 보겠습니다."가 없었던 겁니다.

저 같은 경우는 번역자도 겸하고 있었기 때문에 짧은 문서의 경우 발주 현장에서 번역해 그대로 청구서를 붙여 납품하는 등 고난이도의 재주도 부렸습니다. 그러니 일이 빠를 수밖에 없었죠.

저희 쪽에 발주하는 기업의 직원들도 제대로 잠을 자지 못했습니다. 그쪽도 계속 일이 밀려오다 보니 본인들의 처리 능력을 넘어서고 있었던 겁니다. 그래서 잘 모르는 새롭고 번거로운 일은 제대로 보지도 않고 하청 업체에 통째로 넘겨버렸습니다. 고도 경제 성장기 때는 그랬습니다.

우리 회사는 번역 회사였지만 어느새 인쇄, 제본부터 편집, 출판까지 업무가 늘어나고 있었습니다. 어떤 부탁을 해도 "합니다!" 하고 맡다 보니 발주하는 쪽은 얼마나 편했겠습니까.

개인적으로 가장 재미있었던 일은 니혼TV의 「목요 스페셜」 대본이었습니다. 미국의 TV 회사로부터 영상 소재—대부분 UFO—를 사서 방송하는데, 영어 대본을 일본어로 번역하는 일이었습니다. 저는 SF와 UFO에 대해 매우 잘 알고 있었습니다. 제 번역 대본은 구성 작가가 따로 손보지 않고 그대로 방송 대본으로 쓸 만큼 수준이 높다는 얘기를 들었습니다(이제 와 숨길 게 뭐가 있겠습니까?).

또 하나 잊기 어려운 일은 어느 전자 제품 회사에서 들어온 퍼스널 컴퓨터 팸플릿 번역이었습니다. 그때까지 컴퓨터라고 하면 IBM사의 CPU를 의미했는데, 스티브 잡스와 스티브 워즈니악이라는 두 젊은이가 퍼스널 컴퓨터(PC)라는 완전히 새로운 아이디어를 세상에 내놨습니다. 그들의 신제품 Apple II의 일본 출시를 위한 팸플릿을 우리 회사가 수주해서 제가 번역했습니다. 두 사람의 출세 이야기를 읽으면서 세상이 엄청난 기세로 변하고 있구나, 하고 가슴이 설렜던 기억이 납니다.

그런데 Apple II의 팸플릿 번역을 우리 같은 영세 기업에 통째로 맡긴 걸 보면, 일본 측 발매원도 "정체를 알 수 없는 상품이니까 운 좋게 팔리면 돈벌이는 되겠지." 하는 정도로 생각했던 모양입니다.

아무튼 그런 시대였습니다. 사회에 힘(기세)이 있을 때는 업무량이 처리 능력을 뛰어넘기 때문에 고양이 손이라도 빌리고 싶다는 심정에서 출신이 불명확한 젊은이를 첨단 활동에 참여시키기도 했습니다(아르바이트생이었던 후루타니 씨가 호소노 씨를 응대해야 하는 일이 벌어지는 거처럼요).

어쩌면 잘 모르는 일을 잘 해낸다는 인식이 외주를 받기 쉬웠던 원동력이 된 것 같습니다. 당시 정규 직원들은 돈이 되는 비즈니스를 우선시하고 매일 정해진 일로 바쁘다 보니까 잘 모르는 해외에서 온 일에 대해서는 번거로우니 하청 업체에 통째로 맡겨버리라는 인식이 강했던 거죠.

제가 에마뉘엘 레비나스의 저서를 번역하게 된 것도 그런 흐름이었습니다. 시기적으로 보면 1980년대 초였는데요. 한 출판사가 "프랑스에서 레비나스라는 철학자가 주목받고 있는데 그의 번역서를 내고 싶습니다."라고 제 지도 교수였던 아다치 가즈히로 선생님에게 연락을 해왔습니다. 아다치 선생님은 프랑스 현대 사상 분야에서는 '모르는 분야는 없다, 무엇이든 다 가져와라' 하는 실로 터프한 연구자였지만, 그런 분조차도 레비나스에게는 난색을 보였습니다. 마침 근처에 있던 저에게 "야, 우치다, 너 레비나스에 대한 논문 쓰고 있었지. 전화 한번 받아봐." 하고 수화기를 건넸습니다.

전화를 받은 저는 출판사의 젊은 편집자를 상대로 레비나스가 얼마나 위대한 철학자인지 절절하게 설명했습니다. 그러자 편집자가 "그럼 우치다 씨가 추천하는 『곤란한 자유』 번역합시다."라고 했던 것입니다.

그렇게 된 것도 아다치 선생님에게 너무 많은 일이 들어와서 선생님이 맡을 수 있는 능력을 넘어버렸기 때문입니다. 그러니까 우연히 선생님 옆에 있던 '고양이 손'인 신출내기 연구자가 보통은 들어올 리 없는 여분의 혜택을 입은 거죠.

사회가 각박해지다

기세가 있다는 건 제 체감상 이러합니다. 일이 너무 많아진 탓에 까다로운 조건 없이 젊은이들에게 여러 가지 재미있는 일이 돌아오는 겁니다. 그런 시대가 1960년대 초부터 1990년대 중반까지 이어졌습니다. 이 시대의 분위기를 용기와 결부시켜 논하는 것은 조금 어려울지도 모르겠습니다만, 그래도 젊은이들에게 공포나 겁을 강제하는 분위기는 별로 없었던 것 같습니다.

제가 어느 대기업 상사에 영업을 하러 갔을 때, 대화를 나눈 담당자가 "알았다. 그럼 너희 회사가 할 만한 일을 맡은 우리 회사 담당 부서에 전화를 걸어줄 테니 이 자리에서 영업 한번해봐."라고 갑자기 전화를 거는 바람에 "네." 하고 수화기를 건네받은 적이 있었습니다.

아다치 선생님 때도 그랬지만 "그럼 나머지는 자력으로 개척해봐."와 같이 윗사람이 일할 기회를 젊은 사람에게 넘겨주는 일이 실제로 빈번했습니다. 그것은 어떤 의미에서는 한정된 시간 내에 내가 할 수 있는 것을 얼마나 적절하게 설명할 수 있는가와 같은 시험에 들게 하고 평가를 받게 했지만, 결코 각박하진 않았습니다. 나를 평가한들 상대방에게 딱히 좋을 게 없었기 때문입니다. 잘되

144

면 일을 받고 안 되면 온전히 자기 책임이라는 건조하고 어찌 보면 쿨한 시험이었지만, 그 아저씨들이 우리에게 기회를 줬다는 것만은 틀림없는 사실이었습니다.

그런데 지금의 젊은 사람들은 비슷한 상황에 부닥치면 상당히 겁을 먹지 않을까 싶습니다. 아마 대부분의 경우 그런 상황을 설정하는 사람이 기회를 주기보다 굴욕감을 맛보게 하는 것을 우선시하기 때문일 것입니다.

왜 그럴까요? 젊은 사람에게 얼마나 사회적 능력이 있는지 평가하는 것은 어느 시대든 있었겠지만, 어느새 평가의 목적이 기회를 주는 것이 아니라 굴욕감을 주는 일이 돼버렸습니다. 가끔 정치인의 기자 회견을 볼 때 그런 느낌을 강하게 받습니다. 젊은 기자들이 논점에서 벗어난 질문을 하더라도 노련한 정치인이라면 적절한 물음의 형태가 되도록 가르쳐줘도 괜찮을 것 같은데요. "당신이 묻고 싶은 것은 이런 거죠?"라면서 바꿔 말해도 되잖아요. 그래서 기자가 성장할 수 있다면 정치 문화도 그만큼 풍부해지고 두터운 것이 되는 것이니까요.

그런데 지금은 전혀 다르죠. 기자에게 네가 얼마나 무능한지 깨닫게 해주겠다며 공격적으로 대응하는 정치인들뿐입니다. 사소한 오류의 꼬리를 잡거나, 기자가 알 턱

이 없는 사사로운 질문을 해서 기자가 말문이 막히면 이런 것도 모르는 인간은 이 주제를 논할 자격이 없다는 식으로 몰아갑니다. 심지어 그런 각박함이 하나의 문화로 자리 잡아서, 기자에게 굴욕감을 주고 기자의 입을 다물게 할 수 있는 사람이야말로 강한 정치인이라는 평가를 받습니다.

이런 문화가 비단 정치계에서만 만연한 것은 아닙니다. 조직, 기업, 학교, 대중 매체에서도 같은 일이 벌어지고 있습니다. 어째서 이렇게 돼버리고 만 걸까요. 저는 젊은 사람들에게 용기가 없다고 나무라기 전에, 젊은 사람들은 힘이 없으니까 굴욕감을 느끼는 게 마땅하다는 각박한 태도를 보이는 이 사회의 힘 있는 사람들의 태도를 문제 삼아야 한다고 생각합니다.

왜 현대인들은 이렇게 각박하게 변해버렸을까요. 그것에 대해서는 다시 한 번 글을 써보도록 하겠습니다. 결론이 이상하게 흘러 미안합니다.

그럼 이만. 새해 복 많이 받으세요.

2022년 12월 10일

/

사회가 각박해지지 않는
방법은 무엇일까요?

우치다 선생님

눈 깜짝할 사이에 연말이군요. 용기에 대해 많이 고민했음에도 불구하고 용기가 부족했던 한 해였다고 반성하고 있습니다.

답장 감사합니다.

선생님이 히라카와 씨와 시작하신 회사 이야기를 듣고, 현재의 선생님으로 이어지는 뭔가가 거기서 자라난 게 아닐까 생각하며 글을 읽어 내려갔습니다.

세상의 시각으로 봤을 때 사회 초년생 시절에 무엇을 했는가는 매우 중요한 것이군요. 장래에 도움이 될까, 하

149

는 동기가 아니라, 사회에 말려들어가면서 자신의 사회적 위치가 어떤지 보는 것이 커리어 형성을 최우선으로 생각하는 것보다 결과적으로 도움이 되는 것 같습니다.

아직 사회적으로 뚜렷한 정체성이 없는 시절에 자신이 어떤 일을 하고 있었는가는 꽤 중요한 부분입니다. 앞으로 어떤 데에 도움이 될까, 하며 동기를 계산하기보다 그때그때 휘말려서 여러 일을 하다 보면 자연스럽게 자신의 위치가 보이기 시작하는 법이죠. 오히려 그렇게 얻은 경험들이 커리어를 쌓겠다는 거창한 계획보다 더 실질적인 도움이 되는 것 같습니다.

하시모토 오사무 씨, 가토 노리히로 씨, 오타키 에이이치 씨, 오다지마 다카시 씨의 의발을 잇는 선생님의 일 역시 마찬가지입니다. 어느새 그런 위치에 서 계시게 된 건─정말로 실례되는 말씀이지만─결과적으로는 운명이기 때문이 아닐까, 하고 생각했습니다. 메시 앞에 항상 축구공이 있는 것과 같달까요.

편지의 마지막 부분의 각박한 사회가 됐다는 표현에 가슴이 철렁 내려앉았습니다. 확실히 그런 것 같습니다. 어쩌면 기술이 발전하면서 여러 가지 일을 직접 보고 많은 것을 알게 된 게 그 원인일지 모릅니다. 대부분의 회사나 비즈니스 현장에서는 증거를 요구합니다. 기획 단계에서부터 자료를 제시해야 하고, 사업 계획서도 필수죠. 하지만 그건 결국 지금 알고 있는 정보의 범위 안에서만 가능합니다. '혁신이란 무엇인가' 같은 말을 무심코 꺼냈다가 상사에게 "꿈꾸는 건 좋지만 현실은 말이지…."라며 한소리 듣고 귀찮아지거나 주눅 드는 사람이 많을 겁니다.

물론 그 상사가 일부러 각박한 태도를 보일 생각은 아니었겠지만, 결국 이런 분위기들이 모여서 재미없는 사회를 만들고 있는 건 아닐까요? 그럼 어떤 타이밍에 각박하다는 생각이 들까요? 집요하게 괴롭힘을 당하는 것이 아니라, 순간적인 대응이 각박하다고 느꼈고 그것이 축적되는 게 아닐까 싶었습니다.

코로나가 잠잠해졌을 무렵 오랜만에 해외에 나갔습니다. 하와이의 콘도에서 엘리베이터를 타고 있었는데 같이 탔던 사람들이 환하게 웃으며 "굿 모닝!" 하고 인사를 건넸습니다. 서로 마스크도 안 쓴 상태로 말입니다. 그게 참 기분 좋았어요. 물론 콘도라는 공간이 주는 해방감도 한몫했겠지만요. 그렇다 해도 고작 인사일 뿐인데요.

제가 자란 곳은 상가가 있는 동네였습니다. 집을 나서기만 하면 지나가는 거의 모든 사람이 인사를 하고 그 이상으로 말을 걸어왔습니다. 그런 환경이 싫어서 도쿄로 나왔건만, 도쿄의 사람들은 복잡한 전철에서 어깨가 부딪혀도 아무 말을 하지 않았습니다. 그때 느꼈던 외로움이 아직도 기억에 남아 있습니다. 지금은 전 세계 어디든 모두 스마트폰만 들여다보는 게 익숙한 풍경이 돼버렸네요.

선생님과 나바에 선생님이 집필한 『현대 사상의 퍼포먼스』에서 오즈 야스지로의 영화 「안녕하세요」를 소재로 커뮤니케이션의 본질을 다룬 게 생각났습니다. 조금 인용해보겠습니다.

'안녕'도 'Good morning'도 'Bonjour'도 의미하는 바는 같다. 그 말은 당신이 일찍 일어났다든가 오늘은 좋은 날이라든가 하는 사실 인지를 수행하는 게 아니다. 그것은 한 인간의 다른 인간을 향한 직접적인 소통이자 축복의 수행이다. 즉, '아침이 이르다'고 말한 사람은 '오늘 하루가 당신에게 좋은 날이 되길' 바란다는 기원을 선물하는 것이다. (…)

의사소통의 본질은 유용한 정보를 교환하는

데 있는 것이 아니라, 메시지 교환을 성립시
킴으로써 여기에 의사소통이 가능한 두 인
간이 마주하고 또 공존하고 있다는 사실을
서로 확인하는 것에 있기 때문이다. 내 앞에
있는 사람에게 당신의 말을 알아들었다고
알려주는 가장 확실한 방법은 상대방의 말
을 다시 한 번 반복해보이는 것이다.

편집장을 맡았을 때 "평소에 어떤 점을 신경 쓰고 계신
가요?"라는 질문을 받은 적이 있습니다. 그때 저는 "편집
부의 모든 직원에게 하루에 한 번은 꼭 말을 건넵니다."
라고 대답했습니다. 뭐, 그래 봤자 별 의미 없는 인사나
가벼운 말이었죠. 상대의 반응을 통해 그 사람의 상태를
어렴풋이 파악할 수 있다는 건 결과론적인 이야기일 뿐
이고(사실 그런 관찰은 별로 믿을 만한 것도 아니고요), 그 자리
에 있는 사람과 웃음이나 인사를 주고받는 게 중요하다
고 생각했기 때문입니다.

아니, 어쩌면 솔직히 말해서… 그렇게 하지 않으면 불
안했기 때문인지도 모릅니다.

편집부원이 부담 없이 이야기해주는 분위기가 형성되

면 자연스럽게 대화도 늡니다. 그 과정에서 아이디어가 생기기도 하고, 실제로 그런 아이디어에서 히트작이 꽤 나왔습니다.

인사에도 여러 가지가 있잖아요. 악수도 있고 포옹도 있고요. 가볍게 고개만 숙이거나 살짝 끄덕이는 것도 인사라고 생각합니다. 그 순간 우리는 상대가 어떤 사람인지 은근히 가늠하죠. 동물적인 직감이 작동하는 겁니다. '이 사람, 믿을 수 있을까?' 하고요.

언제부터 이렇게 각박한 사회가 됐나 생각하다 보니 이야기가 꽤 옆길로 새버렸습니다.

일단 인사하는 것도 사회를 각박하게 만들지 않는 방법 중 하나라고 생각하는 바입니다.

새해 복 많이 받으세요.

2022년 12월 27일

/

정직에는 지성적, 감성적
성숙이 필요합니다

후루타니 님

안녕하세요. 우치다 다쓰루입니다.

연말에 메일을 받고 나서 한 달이나 지났습니다. 답장이 늦어서 죄송합니다. 일은 꽤 정리됐습니다. 작년 한 해동안 꽤 많은 책을 냈으니까요.

단행본과 공저, 대담본이 일곱 권, 해가 바뀌고 단독 저서 두 권, 대담본 한 권을 냈습니다. 1년 가까이 열 권의 책을 내다니 좀 이상하죠. '월간 우치다'라고 사람들이 냉소를 보내도 어쩔 수 없습니다.

하지만 그렇게 허덕이며 책을 마무리한 보람이 있어

문책(文責)은 많이 줄었습니다. 지금 떠맡고 있는 일은
『용기론』외에 미사고 치즈루 선생과의 왕복 서한인 「육
아론」, 곤도 세이쿄의 「군민 공치론」해설, 샤쿠테쓰 선생
과의 종교를 둘러싼 대담, 나카타 고 선생과의 지정학과
이슬람에 대한 대담, 알베르 카뮈에 대한 (언제 끝날지 모
를) 연재 정도입니다. 올해 내로 이 여섯 개 중 다섯 개는
끝나 책이 될 예정이고, 올가을부터는 카뮈론을 격월로
10매씩 쓰면 돼서 나머지 시간은 유유자적하며 보낼 수
있을 듯합니다(그랬으면 좋겠습니다).

막스 베버의 방법

후루타니 씨와 주고받는 편지도 신서판이라고 치면 대
략 10만 자인데요. 지금까지 5만 자를 썼으니까 여정의
절반까지 온 셈이니 반환점을 통과한 느낌이군요. 게다
가 지금까지 써온 대로 저는 용기에 대해 딱히 일의적인
정의를 내리거나 '어떻게 용기를 가지고 살 것인가'에 대
한 정답을 제시할 생각은 없으므로 마음이 편합니다.

앞으로도 용기라는 주제를 놓고 그때마다 '그러고 보
니 이런 이야기가 생각났다' 같은 이야기를 자유롭게 써

보고 싶습니다. 어쩐지 조잡한 글이라고 생각하는 분이 있을지도 모르겠는데요. 실은 막스 베버로부터 이 방법을 배웠습니다.

베버는 진실로 사유할 가치가 있는 어려운 논건에 대해서는 몇 개의 예시를 무작위로 열거하는 것에서부터 시작하는 게 적절하며, 이 작업이 어느 정도 마무리될 즈음이면 해당 논건에 대한 전망이 상당히 좋아질 것이라고 말했습니다. 그의 저서 『프로테스탄트 윤리와 자본주의 정신』이라는 책에서 말이죠. 베버는 책의 서두에 다음과 같이 언급했습니다.

> 이 논문의 제목에는 자본주의 정신이라는, 다소 의미심장한 개념이 사용되고 있다. 그렇다면 이 개념은 과연 어떤 의미로 이해돼야 할까. 이에 대해 정의를 내리려는 시도를 하면 우리는 곧바로 연구 목표의 본질에 뿌리를 둔 일종의 곤란함에 직면하게 된다.
>
> ― 막스 베버, 『프로테스탄트 윤리와 자본주의 정신』

이 말인즉슨 자본주의 정신이라는 아이디어가 이 책을

쓸 때 베버의 뇌리에 떠오른 것은 확실하나, 그 개념은 아직 일의적인 정의를 획득하지 못했다는 의미입니다. 다시 말해, '혹시 이 세상에 자본주의 정신이라는 게 있을지도 모른다는 아이디어가 문득 떠올랐다. 그런 게 있을 것 같다. 그 이야기로 논문을 한 편 쓸 수 있을 것 같다. 아니, 논문 한 편을 넘어서 세계 사상사에 남을 만한 획기적인 논고를 쓸 수 있을 것만 같다. 하지만 자본주의 정신이 무엇인지, 그것이 프로테스탄트 윤리와 어떤 관련이 있는지에 대해 여기서 한마디로 말해달라고 하는 건 곤란하다. 그건 앞으로 생각해보겠다.'라는 뜻입니다.

그리하여 베버는 해당 책에 '자본주의 정신은 앞으로의 고찰을 통해 역사적 현실 속에서 찾을 수 있는 개개의 구성 요소를 가지고 점진적으로 구성해나가야 한다. 그 확정적인 개념 파악은 연구에 앞서 존재할 수 있는 것이 아니라 연구의 결말에서 손에 넣을 수 있다. 그러므로 앞으로 쓸 것은 자본주의 정신이라고 부르는 것에 대한 최소한의 예시에 그쳐야 한다.'라고 썼습니다.

베버가 쓴 문장의 자본주의 정신을 용기로 치환하면 제가 여기서 하려고 하는 일을 (조금은) 알아주실 것으로 생각합니다. 들어가는 글은 이쯤에서 마무리하기로 하고,

오늘은 현대가 왜 각박한 사회로 나아가고 있는가에 대해 다루고자 합니다.

정직이 정의로 잘못 쓰여 있었다

얼마 전 한 지자체의 인권 교육 연구 집회에 불려가 인권 교육에 대해 강연을 했습니다. 요즘 인권 교육 관련 모임에 자주 불려가고 있습니다. 아마 제가 말하는 인권 교육은 무엇인가에 관한 주장이 비교적 희귀한 것이기 때문이라고 생각합니다. 다행히 현장의 교사들에게는 과연 그런 생각도 있구나, 하고 호의적으로 받아들여지고 있는 것 같습니다.

그때 의뢰 받은 강연명은 「지금 아이들에게 전달해야 하는 것」으로, 부제는 (강연 전 미팅에서 제가 한 말을 인용해) 「용기, 정의, 친절」이라고 했습니다. 강연회장에 들어갔을 때 교실에 그 글이 크게 적혀 있어서 '어, 이건 좀 아닌데….'라고 생각했습니다. 미팅 때 제가 이야기한 것은 「용기, 정직, 친절」이었습니다. 정의가 아니라 정직 말입니다. 그 문구를 보면서 좀 의미심장한 실수가 아닌가 싶었습니다.

프로이트에 따르면, 말실수는 그 사람의 억압된 무의식이 우회적으로 표현된 것이라고 합니다. 프로이트는 『정신 분석 입문』에 어떤 말을 입 밖에 내지 않으려고 생각한 직후에 말실수가 일어난다고 썼습니다.

> 억눌린 의향은 화자의 의지와는 반대인 말이 돼 불쑥 튀어나오곤 한다. 화자가 의식적으로 승인한 쪽의 의향 표현을 바꾸거나, 그 표현과 뒤섞이거나, 혹은 아예 그것을 대신해서 말로 드러나는 것이다.
>
> — 지그문트 프로이트, 『정신 분석 입문』

프로이트는 '사장님의 건강을 기원하며 트림을 합시다'라는 말실수의 예를 들고 있습니다. 이 사람은 '트림하다(aufstossen)'와 '건배하다(anstossen)'를 헷갈린 것입니다. 의회의 의장이 개회 선언 때 "폐회를 선언합니다."라고 잘못 말한 예, 신문 사설에서 '사리를 도모하지 않고'라고 써야 할 대목에 "우리는 늘 사리를 추구하고 써왔습니다."라고 잘못 쓴 예 등 일일이 열거하면 끝이 없습니다. 저도 몇 가지 인상적인 사례를 목격한 현장에 있었는데요. 쓰기 시작하면 한도 끝도 없으니 그만두겠습니다.

정직과 정의를 바꿔 쓴 이 사례는 꽤 인상적인 착오라는 생각이 듭니다. 프로이트를 믿는다면 이 제목을 잘못 쓴 사람은(혹은 제가 전한 부제를 잘못 전한 사람은) 정직이라는 말에 대해 '이건 좀 아니다. 정직은 인권 교육의 장에서 입에 담아야 할 말이 아닌 것 같다.'라고 생각했을 겁니다. 아니면 적어도 지금까지 인권 교육의 장에서는 정직한 것의 가치를 목소리 높여 말한 적이 없었다는 사실을 반영하고 있는지도 모릅니다. 왠지 그럴 것 같은 느낌이 들지 않나요?

인권 교육은 보통 인간의 차별 의식과 다른 사람에게 굴욕감을 주고 싶은 공격성을 어떻게 억제하는가와 같은 것을 실천적인 과제로 하고 있습니다(그렇다고 생각합니다).

누구나 마음속 깊은 곳에는 천박한 차별 의식을 품고 있습니다. 그것을 가능한 한 정직하게 드러내지 않아야 한다는 것은 실천적으로 충분히 합리적인 생각입니다. 우리는 다른 사람의 마음속까지 파고들 수 없습니다. 그래서 외적으로 규제합니다. 그런 말을 하면 처벌 받는다는 중요한 사회적 규칙을 만들어서 철저히 주지시키는 것이 인권 교육의 실천 방법 중 하나이자 성과였던 게 아닌가 생각합니다.

확실히 그런 맥락에서는 정직이 중요하다는 생각은 일단 나오지 않습니다. 그것보다는 정의가 더 중요합니다. 사회적 약자를 차별하고 배제하는 것은 정의에 어긋난다고 생각하고, 실제로 그런 말을 해온 인권 교육 실천자들이 꽤 많았을 것입니다. 그들 입장에서는 '왜 지금 아이들에게 우선으로 전해야 할 것으로 정직이 나오는지 그 이치를 잘 모르겠다. 지금 아이에게 전해야 할 것에 정직이라는 덕목이 있을 리 없다. 그것 때문에 정의로 잘못 봤다.'라고 판단한 게 아닐까 싶어요.

다른 사람의 심중을 마음대로 헤아려 짐작해서 미안하지만 저는 그때 느꼈습니다. 그 실수는 어쩌면 정직이라는 덕목이 지금의 학교 교육에서 경시되고 있는 현실을 반영하고 있기 때문이 아닐까라고 말입니다.

한번 입에 담은 말은 스스로를 속박한다

저는 학교 교육의 중요한 목적 중 하나는 자신만의 목소리를 찾는 것이라고 종종 말합니다. 이전 편지에서도 언급했죠. 교육을 주제로 한 강연에서 저는 그 이야기를 자주 합니다. 청중은 대체로 깜짝 놀란 얼굴로 제 이야기를 듣고 있습니다. 국어 교육을 하는 사람 중에는 그런 말을 하는 사람이 별로 없기 때문이라고 생각합니다.

제가 '자신의 목소리'라고 부르는 것은 자신의 생각과 감정을 근사하게 표현할 수 있는 목소리입니다. 또한 자신의 사고의 흐름이라든가, 호흡이라든가, 몸을 움직일 때의 리듬과 맞는 목소리를 말합니다. 저는 아이들이 그런 목소리를 발견했으면 좋겠다고 항상 바라고 있습니다.

제 경험으로 말하자면, 자신의 목소리로 말하는 것은 말을 더듬고, 머뭇거리고, 바꿔 말하고, 같은 말을 반복하고, 때로 입을 다무는 것입니다. 내 안에서 지금 막 형성되기 시작한 아직 윤곽이 확실하지 않은 사념이나 감정을 생성 과정에서 있는 그대로 내미는 목소리입니다. 그래서 이 목소리는 논리 정연하거나 명료하지 않습니다.

자신의 목소리를 낼 때 사람들의 목소리는 대체적으로 작아지게 됩니다. 그때까지 자신을 포함해 누구도 입에 담은 적이 없던 말을 더듬으며 입에 올리므로 하나의 문장이 완성되기까지 상당한 시간이 걸릴 수 있습니다. 시간을 들인다 해도 어쩌면 문장이 제대로 끝나지 않을 수 있습니다. '나는…' 하고 말을 시작했지만 말이 이어지지 않기도 합니다.

하지만 그것은 자신의 목소리로 말하려는 데서 생기는 현상입니다. 저는 그런 말하기를 스스로에게 허용한 사람을 자신의 목소리를 발견한 사람이라고 생각합니다. 그것은 '큰 소리로, 분명하게'라는 요청과는 어울리지 않습니다. 자신이 태어나서 지금까지 한 번도 입에 담은 적이 없던 사념이나 감정을 지금 여기서 말하고자 할 때 큰 소리로, 분명하게 말할 수 있을 리 없습니다. 큰 소리로, 분명하게 말할 수 있는 것은 정형화된 문구나 상투어뿐입니다. 아니면 누군가의 말을 그대로 옮길 때뿐입니다. 누군가가 말하는 것을 듣고 기억하고 있던 것을 그대로 재생한다면 큰 소리로, 분명하게 말할 수 있습니다.

그러므로 학교 교육 현장에서 교사는 아이들에게 큰 소리로, 분명하게 자기 생각을 말하라는 요구를 해서는 안 됩니다. 그런 조건을 부과하면 아이들의 말하기가 누군가의 말을 그대로 전하는 일이 돼버리기 때문입니다. 부모로부터 들었건, 교사로부터 들었건, 아는 친구에게서 들었건, 유튜브에서 자신 있어 보이는 평론가에게 들었건 간에 누군가가 단정적으로 말한 것은 큰 소리로, 분명하게 재생할 수 있습니다.

한편, 정말 무서운 점은 그렇게 스스로 말한 것을 자신의 의견이라고 생각해버린다는 것입니다. 이렇게 큰 소리로, 분명하게 단언할 수 있으니 그것이 내 안에 근거를 둔 말이 아닐 수 없다고 간주하는 거죠.

사람들은 남의 이야기는 좀처럼 믿지 않는 사람도 자기 이야기는 믿는다고 말하곤 합니다. 정말 그렇습니다. 어떤 정형화된 문구든 한번 입에 담으면 그 말을 한 본인을 가둡니다. 사람에 따라서는 그 말에 평생 묶이게 됩니다.

그래서 학교 교육에서, 특히 국어 교육에서는 아이들에게 큰 소리로, 분명하게 자기 생각이나 느낌을 말로 하라는 요구를 해서는 안 된다고 생각합니다. 남이 했던 말을 논리 정연하게 입 밖으로 내뱉은 건데 어쩌다 보니 선생님에게 칭찬을 받는다면 그것은 그 아이의 성공 체험이 되고 맙니다. 그러고 나면 계속 남이 했던 말을 반복하는 사람이 될 수도 있습니다.

자신의 목소리로 말하는 것은 말을 멈추고, 침묵하고, 했던 말을 취소하고, 같은 이야기를 조금씩 다르게 하면서 반복하는 것입니다. 그것은 대개 작은 소리로 쭈뼛쭈뼛 말하는 겁니다. 교사는 아이가 작은 소리로 쭈뼛쭈뼛 말을 꺼냈을 때를 놓치면 안 된다고 생각합니다. 그것은 그 아이가 자신의 목소리를 발견한 징후이기 때문입니다. 인내심을 가지고 가만히 말이 생성되는 순간을 지켜봐야 합니다. 서두르게 해서는 안 됩니다. 결론을 추구해서는 안 됩니다. 말을 가로막고 말에 대한 정의를 요구하는 일은 절대 해서는 안 되는 금기입니다.

저는 21년간 윌리엄 메릴 보리스라는 건축가가 설계한 고베 여학원 대학의 교사(校舍)에서 수업을 했습니다. 이미 여러 번 여기저기에 쓴 내용이긴 합니다만, 보리스가 설계한 교실은 목소리가 매우 잘 울립니다. 계단식 교실에서도 마이크 없이 맨 뒤까지 목소리가 전달됩니다. 그래서 학생들은 작은 소리로 의견을 말할 수 있습니다. 작게 말해도 제대로 제 귀에 전달되기 때문입니다. 입을 떼기 전에 호흡을 가다듬는 기색까지 들릴 정도입니다. 말이 시작될 낌새를 느끼면 모두 그 학생을 쳐다봅니다. 그러면 그 학생은 자신의 말을 되뇌면서 천천히 말하기 시작합니다. 중간에 말이 끊어져도 그 침묵은 방송 사고가 아니라 다음 말이 생성되기 전까지의 생산적인 침묵이라는 것을 알 수 있습니다. 그리고 또 숨을 쉬고 다음 문장이 시작됩니다.

저는 교수 재직 시 학생이 지금까지 한 번도 한 적 없는 이야기를 말하기 시작하는, 이른바 자신의 목소리를 발견하는 장면을 몇 번 정도 목격했습니다. 그것은 실로 매우 감동적인 경험이었습니다. 그러한 기적적인 일은 항상 보리스가 설계한 학교 건물 안의 교실에서 일어났습니다. 속삭이는 듯한 목소리까지 들을 수 있는 음성 환경이 학교 교육에 필수라는 것을 그때 뼈저리게 배웠습니다.

보리스는 건축가이자 선교사였습니다. 그래서 여러 교회를 설계했습니다. 교회는 오르간을 치고, 찬송가를 부르고, 목사님의 설교를 듣는 유난히 음성적인 활동이 많이 이루어지는 곳입니다. 보리스는 작은 목소리라도 몸에 파고드는 듯한 느낌을 주는 음성 환경이 교회 설계의 요건이라는 것을 숙지하고 있었음이 틀림없습니다. 그리고 그 콘셉트를 학교 건축에도 그대로 적용했습니다.

정직은 '아등바등'을 지속시키는 힘이다

제가 정직을 학교 교육에서 매우 중요한 덕목이라고 주장하는 이유는 정직이야말로 아이들에게 자신의 목소리를 탐구하게 하는 힘이라고 생각하기 때문입니다. 우리가 타인이 입에 담은 정형화된 문구나 상투어를 반복하면 미묘한 위화감을 느끼게 됩니다. 자신에게 기원을 두지 않은 말이니 위화감이 들 수밖에 없습니다. 그래서 그대로 입에 담는 것에 희미한 저항을 느낍니다. 그것을 그대로 재생하면 말이 부족하거나 반대로 말이 지나치게 마련입니다. 어느 쪽이든 자신이 정말로 말하고 싶은 것과는 어긋나버립니다. 그 어긋남이 신경 쓰여서 어떻게든 자신이 정말로 하고 싶은 말에 다가서려고 버둥거립니다. 그 아등바등을 지탱하는 것은 정직하고 싶다는 바람입니다. 사람이 말을 더듬거나 바꿔 말하거나 같은 말을 반복하거나 앞서 말한 것을 철회하는 것은 더 정직하고 싶기 때문입니다.

그것은 과학자들이 과학적 가설을 세울 때의 동기 부여와 다르지 않습니다. 때때로 데이터를 고치거나 반증 사례를 무시하고 논문을 써서 자신의 연구 업적에 넣으려는 학자가 있습니다. 이런 일이 들통나면 학계에서 쫓겨날 텐데도 말입니다. 저는 그들에게 부족한 것은 정직함이라고 생각합니다. 왜냐하면 거짓말인 것을 알고 쓴 데에 자신이 서명을 하는 것이기 때문에 사실은 기분이 굉장히 찜찜할 겁니다. 그런데 만약 기분이 찜찜하지 않다고 한다면 이 사람들이 자기 형성 과정의 어느 시점에서 자신이 진정으로 하고 싶은 말을 하는 일을 포기했기 때문이라고 생각합니다. 그보다 남을 속이고 거짓말을 하면서까지 명성과 돈과 지위를 얻기를 진심으로 바란다는 언명을 자신의 솔직한 심정으로 채택한 것입니다. 명성이나 돈이나 지위 같은 제도적으로 만들어진 일에 욕망을 느끼는 것이 진정한 나다움이라고 어딘가에서 생각하고 만 거죠.

가끔 '자신의 욕망에 솔직해지라고' 엄포를 놓는 사람들이 있는데, 이런 정형화된 문구에 섣불리 고개를 끄덕이면 안 됩니다. 우리가 자신의 정직한 욕망이라고 생각하는 것의 대부분은 기성품입니다. 세상이 노골적인 욕망이라고 부르는 것의 리스트를 학습해 그것을 단지 출력하고 있을 뿐인 경우가 (실로 자주) 있습니다. 그리고 그런 정형화된 문구—어차피 세상은 색과 욕망이라는 천박한 것—를 한번 출력해버리면 자신의 입에서 나온 말인 이상, 그것에 속박돼버립니다.

정직은 사람이 지성적, 감정적으로 성숙하는 데에 절대적으로 필요한 요소입니다. 저는 무도인으로서뿐만 아니라 학자로서도 오랫동안 일을 해왔습니다. 지금도 꾸준히 연구 논문을 써서 발표하고 있습니다. 제 나이쯤 되면 연구 논문을 정기적으로 계속 쓰고 발표하는 사람을 찾아보기 힘듭니다. 연구를 계속하는 동기를 유지하는 일은 쉽지 않죠.

제가 계속 연구를 하고 논문을 쓰는 것은 애당초 학회에서 명성을 얻거나 대학 교수 자리를 꿰차기 위함이 아닙니다. 알고 싶은 게 있어서 연구하고, 아무래도 제 문체와 논리로 쓰고 싶은 게 있어서 논문을 써왔습니다. 이 충동에는 끝이 없습니다.

'에마뉘엘 레비나스에 대해 이야기하고 싶다, 알베르 카뮈에 대해 이야기하고 싶다, 곤도 세이쿄나 후쿠자와 유키치에 대해 이야기하고 싶다' 같은 것들이 어떻게 평가되는지는 딱히 상관없습니다. 제가 쓴 것이 누군가로부터 칭찬을 받든 누군가가 깎아내리든, 팔리든 안 팔리든 상관없습니다. 저에게 중요한 건 정직하게 말하는 것이니까요.

저는 생각하는 바를 솔직하게 말하려고 합니다. 그러다 보니 말을 조금씩 바꿔가면서 같은 말을 몇 번이고 반복하게 됩니다. "이제 그 얘기는 그만해. 질릴 정도로 들었거든."이라는 말을 듣는다고 해서 "아, 네, 그렇습니까?"라고 할 수는 없는 노릇 아닙니까.

제 입장에서는 어쨌든 자신의 목소리를 획득해 그것을 능숙하게 다룰 수 있게 됨으로써 지금까지 말하지 못했던 것을 말하는 게 최우선이니까요. 솔직히 상대방의 사정 같은 것은 제 알 바가 아닙니다.

저의 경우 학자로서 활동의 추진력은 질리지 않는 정직함의 추구에 있습니다. 이렇게 쓰면서도(이것도 용기론이기 때문에 일종의 학술 논문이랍니다) 이걸로 다 말했다고는 할 수 없어요. 그도 그럴 것이 '아, 이미 말이 지나치다, 아직 말이 부족하다, 왠지 내가 만든 정형화된 문구에 잠식된 것 같다, 어떻게 하면 지금까지 한 번도 입에 담지 못한 말로 정말로 하고 싶은 말을 할 수 있게 될까…' 하며 바둥거리고 있습니다.

저는 이 '아등바등'을 계속하게 하는 힘을 정직이라고 부릅니다. 그리고 그것이 사람의 지성적, 감정적 성숙을 가능하게 합니다.

성장이 멈춘 사람

거짓말을 하지 않는 게 좋다는 것은 인류가 오랜 경험을 통해 거짓말을 하는 사람은 성숙하지 않다는 것을 배워서 알고 있기 때문이라고 생각합니다. 거짓말을 하는 사람의 말은 알아듣기 쉽습니다. 당연하죠. 사람을 속여야 하니까요. 알아듣기 어려운 이야기로는 아무것도 얻어낼 수 없습니다. 말을 더듬거나 말문이 잘 막히거나 입을 다무는 사기꾼은 없습니다. 물이 콸콸 쏟아지듯 지껄이는 게 거짓말쟁이의 수법입니다. 정형화된 문구를 산더미처럼 쌓아두고 그것을 물 틀듯 출력하는 사람이 바로 거짓말쟁이입니다. 거짓말쟁이는 '무엇을 말하고 싶은가'와 같은 물음을 스스로에게 던지는 일이 없습니다 (그럴 리 만무하죠). 하지만 그 물음을 자신에게 던지는 것을 멈추면 인간은 더는 성장할 수 없습니다.

거짓말쟁이 말고도 세상에는 성장이 멈춘 사람이 또 있습니다. 어느 시기까지의 성공 체험에 주저앉아서 그때까지 배우고 익힌 정형화된 문구를 이후에도 반복만 하는 사람이 그렇습니다. 이들은 새로운 표현을 배우고, 지금까지와 다른 음역이나 억양으로 말하는 데에 흥미를 잃어버렸습니다. 후루타니 씨 주위에도 분명 (많이) 있을 거로 생각합니다. 이런 사람이 전체의 20% 이하 정도라면 그리 큰 문제가 되지 않지만 과반수에 가까워지면 상당히 곤란한 사태가 벌어집니다.

왜 성숙이 필요할까요? 미숙한 사람은 집단을 위험에 빠뜨리기 때문입니다. 본인이 미숙한 탓에 위기 상황에서 잘 살아남지 못하는 것은 자기 책임으로 끝낼 수도 있지만, 미숙한 단 한 명의 구성원 탓에 집단 전체가 망할 수도 있습니다.

지금의 사회에도 여러 가지 사고가 있습니다. 현장 전문가는 사고가 일어나기 전에 '이러면 좀 곤란한데.' 하고 어렴풋이 느끼고 있었을 것입니다. 정해진 매뉴얼대로 하지 않는다든가, 데이터의 수치를 조작한다든가, 위험을 과소평가한다든가… 하면서 말입니다. 이런 사례를 보고 이러다 머지않아 큰일이 난다고 생각하고 있었을 겁니다. 그 시기가 바로 내일일 수도 있고 10년 후일 수도 있습니다. 내일이면 곤란하겠지만, 10년 후라면 그 사람은 더 이상 그 자리에 없습니다. 이른바 "홍수여, 내가 죽은 뒤에 오라.*" 하는 격입니다. 그러니 "이러다 큰일나요."라고 솔직히 말하기보다 가만히 있다가 퇴직금을 받고 하청 기업에 간부로 들어가서, 거기에서도 퇴직하고 나면 그 사고는 본인과는 무관한 게 됩니다. 이렇다 보니 개인적으로 감사하다고 느끼는 것이 보다 정직하게 사는 것이라고 생각하는 거죠. 아마 그렇게 자신에게도 알아듣게 이야기했을 겁니다. 그렇습니다. 사람들은 '나는 정직한 사람'이라는 언명을 거짓말을 할 때조차 자신에게 말하는 겁니다. '나는 거짓말을 함으로써 내가 정말로 하고 싶은 일을 하고, 정말로 하고 싶은 말을 한다. 나는 정직한 사람이다.'

'사람은 정직해야 한다'는 인류학적 교훈은 그만큼 깊이 우리 안에 내면화돼 있습니다. 정직하다는 것도 그렇게 생각하면 상당히 복잡한 심리 기제라는 것을 알 수 있습니다. 결코 쉬운 이야기가 아닌 거죠. 자신이 정말로 생각하고 느끼는 것을 자신의 말로 말한다는 것은 실은 꽤 곤란한 일입니다. 주의 깊게 이야기를 들어주는 사람이

*   옮긴이 주 : '내가 죽은 뒤에 대홍수가 나든 말든'이란 말은 프랑스 루이 15세가 타자 본위의 삶의 진미를 저버린 저속한 구전으로 전해진다. '나 죽은 뒤 죽이 되든 밥이 되든' 식의 말인데, 일국의 왕이 서슴없이 자신만을 챙기며 속언을 내뱉었다는 말의 무게를 달리하고 있다.

곁에 있어야 하고, 본인도 윤곽이 잡히지 않는 사념이나 감정을 표현할 수 있을 만큼의 표현력을 갖춰야 합니다.

정직하기 위해서는 지성적, 감정적 성숙이 필요합니다. 그리고 지성적, 감정적으로 성숙할수록 정직해지는 것은 그리 어려운 일이 아닙니다. 미묘한 뉘앙스를 이해할 수 있게 되고, 그것을 표현하는 언어 표현에도 숙달되기 때문입니다. 정직한 사람은 지성적, 감정적으로 성숙해집니다. 저는 정직이란 그런 좋은 일만 가득한 과정이라고 생각합니다.

하지만 지금은 이런 생각을 하는 사람이 크게 줄었습니다. 오히려 반대입니다. 하고 싶은 말을 억압하거나 생각지도 않은 것을 입에 담아도 그것으로 권력이나 재화나 지위를 손에 넣을 수 있고 자신의 안전이 보증된다면, 자신의 생각을 입 밖으로 내지 않는 것이야말로 자신에 대해 정직한 것이라는 미숙하고 왜곡된 정직관을 가진 사람들(단적으로, 부정직한 사람들)이 대다수를 형성하고 있는 것처럼 보입니다.

저는 그것이 최근 10년간 일본이 쇠퇴해온 커다란 원인 중 하나라고 생각합니다. 하지만 이 사실에 동조해주는 이는 거의 없습니다. 그러니까 제가 "정직은 중요하거든." 하고 말해도 "이 사람, 무슨 뚱딴지같은 소리야? 우리 모두 자기 욕망에 정직하게 살고 있어."라고 코웃음 치고 끝입니다.

이걸 어떻게 하면 좋을까요?

오늘도 이야기가 길어졌습니다. 왜 현대 사회는 각박해졌는가에 관한 이야기를 할 생각이었는데, 그전에 정직 이야기에 너무 많은 시간을 할애했네요. 이어지는 이야기는 다음 편에 쓰겠습니다. 그럼.

2023년 2월 5일

/

정직하려면 자신에게서
벗어나야 합니다

후루타니 님

안녕하세요. 우치다 다쓰루입니다.

어제는 정직에 대해서 썼습니다. 하지만 용기와 정직과 친절의 관계까지는 아직 도달하지 못했습니다. 저는이 세 가지 덕목이 서로 관계가 깊다고 생각합니다. 본래는 같은 인간적 자질인데 세 종류로 발현되는 것이 아닌가, 하는 직감이랄까요.

저는 이런 직감을 중요하게 여깁니다. 아직은 아이디어가 머릿속에서 정리되지 않았지만, 아마 쓰다 보면 윤곽이 점점 뚜렷해질 것입니다.

아이디어의 꼬리를 붙잡는 것

아이디어의 꼬리가 시야 주변부를 쓱 통과할 때가 있습니다. 그것은 흡사 방금 모퉁이를 돌아간 사람의 코트 자락이 보인 듯한 느낌과 비슷합니다. 당장 달리기 시작하면 그 사람이 다음 모퉁이를 돌기 전에 등이 보일 테고 잘 하면 그를 따라잡아서 코트 자락을 붙잡을 수 있을 것 같다, 하는 느낌 말입니다.

영화에 자주 등장하는 장면 있잖아요. 길 반대편에 사연 있어 보이는 사람이 이쪽을 보고 있는 것을 눈치챕니다. 그쪽으로 고개를 돌리자 그 사람이 황급히 발걸음을 재촉합니다. 그를 따라 찻길을 무단 횡단합니다. 영화에서는 대개 택시가 경적을 울리거나 "뭐 하는 놈이야! 조심해!"라는 말을 듣거나 심할 때는 차에 치이기도 하지만, 주인공은 어떻게든 길 건너편에 도착해 필사적으로 뒤를 쫓습니다.

이런 장면을 여러 영화에서 수없이 봤습니다. 일종의 영화적 클리셰인 것 같아요. 이 클리셰가 이토록 집요하게 반복되는 이유는, 영화 제작자들이 그 안에서 일종의 인간적이고도 원초적인 사실이라 부를 만한 무언가를 느끼기 때문이 아닐까 싶습니다.

왠지 모르는 것이 자신을 바라보고 있습니다. 그것을 깨닫고 거리를 횡단해 뒤를 쫓으려 하면 여러 방해자를 만나고 경우에 따라서는 상처를 입지만 어떻게든 건너갑니다. 그러다 마지막에 뜻하지 않은 곳에서 그 왠지 모르는 것이 불시에 얼굴을 들이댑니다. 이것은 아이디어의 꼬리를 잡는다는 경험의 도상적 표현이 아닐까 생각합니다. 새로운 아이디어를 말로 하는 경험을 모서리를 돌아 모습이 사라지려고 하는 사람의 코트 자락을 쫓는다는 데 빗대어 표현하는 이가 저 빼고 얼마나 있을지는 모르나, 적어도 저에게는 매우 납득이 가는 비유입니다.

용기와 정직과 친절이 같은 인간적 자질의 세 가지 다른 모습이라는 아이디어는 어느 순간 시야의 주변부를 가로지른 코트 자락 같은 것입니다. 지금부터 그걸 쫓아가서 잡으려고 합니다.

말로 할 수 없는 것을 말로 하는 것

여기까지 쓴 것으로 용기와 정직의 관계를 대강은 알수 있었을 거로 생각합니다. 용기의 요점은 고립을 견뎌내는 것이라고 썼습니다. 대다수가 그렇다고 해도 자신은 아니라고 생각하면 자신의 직감을 따르는 것입니다. 정직도 마찬가지입니다. 정형화된 문구(모두가 사용하는 말을 의미합니다)에 자신을 맡기지 않고, 자신의 사념이나 감정을 애매함도 포함해 최대한 많이 표현해야 합니다. 또한 복잡한 생각을 복잡한 그대로 말로 표현해야 합니다. 말을 잘 못 한다면 말을 잘 못 하는 것 자체를 말로 해야 합니다. 말을 잘 못 하는 것을 어떻게 말로 할 수 있는지 의아한 표정을 짓는 사람이 있을 수도 있겠는데요. 가능합니다.

여러분들도 가끔 하고 있을 거예요. '뭐라고 하면 좋을까'라고 입 밖으로 말할 때가 있지 않나요? 인터뷰를 할 때 '글쎄요' 같은 것도 여기에 해당합니다. '글쎄요'를 영어로 하면 'let me see'입니다. 직역하면 '생각하게 해주세요' 정도가 되겠네요. 좀 딱딱하게 말하자면 자신으로 하여금 심사숙고하라는 겁니다. 자기 생각을 아직 말로 표현하지 못하고 있는 '나'가 여기에 있습니다. 이 '나'에게 잠시 생각할 시간을 주세요. 'let me see'는 바로 말을 잘 못 함을 명석하게 판명된 말로 표현하고 있습니다. 인간이기에 이런 게 가능합니다.

요로 다케시 선생의 글은 논리가 복잡해서 한마디로

표현하기 어렵습니다. 가끔 '이렇게 쓰면 알기 어려울 건데…'와 같은 한마디가 등장합니다. 읽으면서 '잘 모르겠네.'라고 생각하고 있는데 글을 쓴 당사자가 '잘 모르겠죠?'라고 짚어주는 겁니다. 그러면 안심이 됩니다. '아, 그렇구나. 쓰고 있는 요로 선생님 본인도 자신이 쓴 것이 이해하기 어렵고 전해지기 어려운 이야기라는 것을 알고 있구나.' 하는 거죠. 책을 읽고 있는 자신과 글을 쓴 요로 선생님이 같은 발판 위에 서 있다고 생각하니 한숨 돌리게 되는 겁니다.

진행 중인 메시지의 수준과 다른 곳에 전해지는 메시지의 해석을 지시하는 메시지가 있습니다. 이것을 언어학에서는 메타 메시지라고 부릅니다. 이를테면, 영어에는 대화 중에 양손 손가락으로 가위를 만들어 두 번 구부리는 동작을 할 때가 있는데요. 따옴표를 본떠서 그 부분이 인용임을 나타내는 겁니다.

이것은 비언어적인 메타 메시지인데요. '반은 흘려들어주세요'라고 말해보거나, 문장을 다 말한 후에 '잘 모르겠지만'이라고 덧붙이는 것도 서술된 것의 해석 방법을 지시하는 메시지이므로 메타 메시지라고 해도 좋습니다.

여러분도 일상 대화에서 경험했을 것으로 생각하는데

요. 이 메타 메시지를 적절한 타이밍에 넣을 줄 아는 사람의 이야기는 매우 알아듣기 쉽습니다. 사람들은 메타 메시지에서는 결코 거짓말을 하지 않기 때문입니다. 우리는 이를 자각하지 못해도 이러한 인류학적 진리를 바탕으로 사람들의 이야기를 듣고 있는 거예요.

"내 말의 반은 그냥 흘려들어주세요."라는 말을 들었을 때 "음, 이 메타 메시지 언명의 반을 흘려들으라고 하면 이 사람이 말하는 메시지는 이야기 반의 이야기 반이니까, 그렇다면 진실 함유량은 25%일까…?"라고 생각하는 사람은 없습니다.

"반은 흘려들어주세요."라고 하면 그냥 "아, 그래요." 하면서 순순히 고개를 끄덕이면 됩니다. "나는 거짓말쟁이니까요."라는 말을 듣고 '거짓말일까…?' 하면서 머리를 싸매는 사람은 없습니다. 그저 '아, 그렇구나. 앞으로 이 사람의 이야기를 들을 때는 조심하자.'라고 순수히 받아들입니다. 사람은 메시지를 독해하는 방법을 지시하는 메타 메시지에서 결코 거짓말을 하지 않는다는 규칙을 모든 사람들이 무의식중에 따르고 있기 때문입니다.

여기서 거짓말쟁이의 특징도 알 수 있죠. 거짓말쟁이는 자신의 이야기 속에 메타 메시지를 끼워넣지 않고 말합니다. 자신이 지금 말하고 있는 것에 대해서 그 독해의 방법을 지시하는 메시지를 절대 발신하지 않습니다. 그것이 거짓말쟁이의 특징입니다. 그 이유는 메타 메시지에서는 절대로 거짓말을 해서는 안 된다는 인류학적 규칙이 있어서 어떠한 거짓말쟁이도 이를 거역할 수 없기 때문입니다. 이 규칙을 위반하면 이제 누구를 상대로 하든, 심지어 상대를 속이는 경우조차 '소통'이라는 행위가 불가능해져버립니다. 그래서 거짓말쟁이의 이야기는 매끄럽고 평평합니다. 왜냐하면 거짓말을 하는 경우의 메타 메시지는 '~라고 하는 것은 전부 거짓말'뿐이니까요.

좋은 예가 하나 있습니다. 무라카미 류의 소설 『69 sixty nine』의 첫 부분을 인용해보겠습니다.

1969년 봄이었다.

그날 3학년이 되고 나서 첫 번째 일제 고사가 끝났다. 내 시험 성적은 최악이었다.

1학년, 2학년, 3학년, 나의 성적은 엄청난 속도로 하강하고 있었다. 이유는 여러 가지가 있다. 부모님의 이혼, 동생의 자살, 나 자신이 니체에게 경도된 것, 할머니가 불치병에 걸렸다는 것. 그런데 그건 다 거짓말이고 단순히 공부가 싫어졌을 뿐이다.

— 무라카미 류, 『69 sixty nine』

한마디로 무라카미 류는 책을 펼치자마자 단숨에 독자를 속여버립니다. 대단하죠. 독자는 이 사람의 앞으로의 이야기는 100% 믿을 수 있다고 생각하게 됩니다. 왜냐하면 거짓말을 할 생각인 사람이 제 입으로 '~라는 것은 전부 거짓말'이라고 말하지 않을 테니까요.

앞의 예에서도 알 수 있듯, 정직하다는 것은 적절한 타이밍에 메타 메시지를 발신하는 언어 활용상의 기술이라고 바꿔 말할 수도 있습니다.

정직하다는 것은 사실 상당히 지적인 작업입니다. 어쨌든 자신의 평소 이야기와는 다른 차원으로 때때로 있는 것, 없는 것 다 동원해서 자신의 이야기를 어떻게 해석하면 좋을지에 대해 중립적인 입장에서 적절히 지시를 발신해야 하니까요.

정직하다는 것을 그냥 마음에 생각한 것을 빠짐없이 표현하는 것으로 생각하는 사람이 있을지도 모르겠는데요. 그건 아닙니다. 전혀 아닙니다. 정직하기 위해서는 자신을 떠날 필요가 있습니다. 자신에게 달라붙는 것이 정직한 것은 아닙니다. 오히려 그 반대입니다. 자기에게서 일단 떨어져서, 말하자면 상공에서 자기 자신을 내려다보면서 자기가 말하는 것에 대해 주석을 넣을 수 있는 사람이 정직한 사람이거든요.

하지만 이런 이야기를 미숙한 사람에게 전하는 것은 꽤 어렵습니다. 물론 상대가 어른이라면 알 수 있을 거예요. 그러고 보니 그렇다고 말이죠.

앞 편에 이렇게 썼습니다. 정직하기 위해서는 지성적·감정적 성숙이 필요하다고요. 그게 무슨 말인지 앞 편과는 다른 예를 들어 설명해봤습니다. 이야기가 좀 복잡해졌다고 생각하실지도 모르겠는데요. 부디 이해 부탁드립니다. 저도 열심히 솔직하게 쓰다 보니까 이렇게 됐습니다.

이야기가 길어졌기 때문에 정직에 대해서 오늘은 이 정도만 해두겠습니다. 정직과 친절의 관계에 대해서는 다음 편지에서 쓰겠습니다.

2023년 2월 6일

/

친절한 마음은 '측은지심'이며
생각한다고 나오는 것이 아닙니다

후루타니 님

안녕하세요. 우치다 다쓰루입니다.

앞서 "오늘은 정직과 친절의 관계에 대해 말씀드리겠습니다."라고 썼습니다만, 실은 어떤 이야기를 할지 계획이 없습니다. '쓰다 보면 어떻게든 되겠지.' 하고 생각하고 있어요. 왜냐하면 저는 정직과 친절이 깊은 곳에서 연결돼 있음을 확신할 수 있기 때문입니다. 지금까지 말로 한 적은 없지만 확신이 있습니다. 어떻게 확신할 수 있는지 그것을 생각하면서 언어화해보겠습니다. 예전과 같이 이야기는 저쪽으로 갔다가 이쪽으로 돌아오는 식으로 화두를 전전하면서 본질에 다가가는 방식이 될 것인데요. 여기저기 전전하며 길을 찾아가는 이야기가 되겠지만 부디 함께해주세요.

큰 소리로 뻔한 말을 떠들어대는 사람

'정직한 사람은 대체로 친절하다.' 경험적으로는 왠지 그럴 것 같지 않으세요?

자신의 마음을 말할 때 목이 메거나, 말을 더듬거나, 입을 다물거나, 전언을 철회하는 유형의 사람이면서 동시에 심술궂은 사람을 저는 별로 본 적이 없습니다.

심술궂은 사람은 대개 큰 소리로, 분명하게, 뻔한 말을 입에 담는 사람이니까요. 심술궂은 사람은 닳고닳은 슬로건을 내세우거나, 귀에 거슬리는 정형화된 문구를 내세워 상대를 집요하게 공격하게 돼 있어요. 자신의 내면 깊숙이 추를 내려놓고 희미한 사념의 움직임이나 감정의 웅성거림을 감지하려는 사람이, 동시에 심술궂다는 것은 생각하기 어렵습니다. 차분한 목소리로 자신의 마음을 전할 수 있는 적절한 말을 더듬으면서, 상대를 위협하거나 약점을 찌르거나 굴욕감을 주는 일을 하는 것은 상당히 어려울 것으로 생각합니다. 저는 그런 재주(?)를 부리는 사람을 만나본 적이 없어요. 심술궂은 사람이란 대개 위압적 태도로 나오는 법입니다. 내가 말을 끼어들 기회를 원천 봉쇄하고 지껄여댑니다.

보통 사람은 큰 소리로 위압적으로 지껄이면서 자신의 사념이나 감정에 어울리는 표현을 더듬어 찾는 어려운 일을 할 수 없습니다.

그렇다고 해도 참 명제의 역이 반드시 참은 아닙니다. 심술궂은 녀석은 큰 소리로, 분명하게 정형화된 문구를 떠들어댄다는 명제는 경험적으로 진실이지만, 그 반대인 친절한 사람은 자신의 생각을 말로 표현하기 위해 수고를 들인다는 것이 과연 참일까요?

우선은 거기서부터 생각해보도록 하겠습니다. 다만, 이건 선행 연구가 별로 없을 것 같은 분야입니다. 철학의 주제는 보통 초월, 존재, 행복, 불안, 죽음 같은 것입니다. 과연 친절이나 정직을 깊게 연구한 철학자가 과거에 있었을까요?

도미나가 나카모토의 진정한 길

서양 철학자는 아무도 떠오르지 않지만 그것에 가까운 사람이 하나 생각났습니다. 바로 일본의 학자 도미나가 나카모토입니다.

이 사람에 대해서는 샤쿠 선생님의 저서 『천재 도미나가 나카모토 독창의 마을 인문학자』에서 알게 됐습니다. 나카모토는 보통으로 사는 것의 중요성을 논한 예외적인 철학자입니다. 도미나가 나카모토는 에도 시대 오사카에 살았던 동네 학자입니다. 그때까지의 학자들은 모두 유교, 불교, 신도 중 하나의 입장에 서서 다른 것을 비판하곤 했지만 나카모토는 달랐습니다. 세 종교를 철저하게 연구한 끝에 어느 것도 보통의 생활에는 적합하지 않다며 물리치고, 대신 참된 길을 설파했습니다. 참된 길이라는 것은 쉽게 말하면 보통의 삶의 방식이라는 의미입니다. 보통의 성실한 어른으로 사는 것이 가장 중요하며, 그러한 보통의 생활 방식은 유불신의 3교가 궁극적으로 전하는 바와 그다지 다르지 않다고 봤던 거죠. 보통이면 되지 않느냐를 학술적으로 엄밀하게 검증했다는 점이 상당히 파격적입니다.

『옹의 글』이 주 저서 중 하나인데요. 형태상으로는 도미나가 나카모토의 저작이 아니라, '어떤 옹'이 써서 남긴 것을 나카모토가 필사한 것입니다. 현대어 번역을 소개해드릴게요.

지금 세상에서는 신·유·불의 길을 삼교(三教)라고 하여 인도·중국·일본의 각기 삼국에 나란히 행해지는 것처럼 생각하고 있다. 혹은 삼교는 일치한다고 주장하거나, 또는 이것들이 서로 비판하고 서로 싸우는 것으로도 돼 있다. 그러나 본래 길이라는 것은 특별한 것이며, 이 삼교의 길이라는 것도 모두 참된 길이라는 것에는 결코 도달할 수 없는 길이라는 것을 알아야 한다. 왜냐하면 불교는 인도의 길이고 유교는 중국의 길이라는 데에서 알 수 있듯이 나라가 다르므로 이것들은 일본의 길이 아니다. 신도는 일본의 길이지만 시대가 다르므로 지금 세상의 일본의 길은 아니다.

삼교의 길 중 그 어느 것도 지금 일본에서

실천해야 할 길로서 필연성을 갖지 않는다. 실천되지 않는 길은 본래의 길이 아니므로, 삼교는 모두 참된 길에 적합한 길이 아니라는 것을 잘 알아야 한다.

— 도미나가 나카모토, 『옹의 글』

인도풍을 따라 하려면 인도어로 말하고 인도 옷을 입고 인도 집에서 살아야 하며, 진심으로 유생이 되려 한다면 중국 고대 옷을 입고 중국어 발음으로 중국 문자를 써야 합니다. 극단적이긴 하지만 이런 말을 듣고 보면 그럴지도 모릅니다. 그럼 나카모토가 말하는 참된 길이란 어떤 것일까요? 그의 말을 들으면 푹 주저앉을 정도로 평범한 것입니다. 근데 저는 그것이 훌륭하다고 생각합니다.

참된 길, 즉 지금의 세상에서 실천해야 할 길이란 도대체 무엇을 말하는 것일까. 그것은 단지 세상일에 대해서는 당연하게 해야 할 일을 하고, 현재 하는 일에 생활의 근거를 두고, 마음을 솔직하게 하고, 품행을 반듯하게 하고, 언행을 부드럽게 하고, 부모가 있

는 이는 부모에게 효도하는 것이다. 또 받지
말아야 할 것은 비록 티끌이라도 받지 않고,
또 줘야 할 때는 천하 국가라도 그것을 아낌
없이 주는 것이다. 의식의 좋고 나쁨도 내
분수에 따라 행동하고 또 인색하지 않으며,
도둑질하지 않으며, 거짓말하지 않으며, 색
을 좋아해도 이성을 잃지 않으며, 술을 마셔
도 흐트러지지 않으며, 남에게 해를 끼치지
않는 이는 죽이지 않으며, 먹고 마시는 데
조심성을 잃지 않으며, 나쁜 것은 먹지 않고
많은 것을 먹지 않는 일이다.

지금의 문자를 쓰고, 지금의 말을 쓰고, 지금
의 음식을 먹고, 지금의 옷을 몸에 익히고,
지금의 세간을 이용하고, 지금의 집에 살고,
지금의 습관에 따라 지금의 규칙을 지키고,
지금의 사람과 교제하고, 여러 가지 나쁜 일
을 하지 않고 여러 가지로 좋은 일을 실천하
는 것을 참된 길이라고 하고, 그것은 또 세
상에서 실천돼야 할 길이라고도 말할 수 있

는 것이다.

불교에서 오계십선(五戒十善)*이라는 것도,
유가에서 지인용(知仁勇)의 삼덕이라는 것
도, 신도에서 청정, 검소, 정직이라는 것도,
모두 참된 도에 어울리는 깊은 통찰에 근거
하는 말이므로, 삼교를 실천하는 사람들도
세상에 섞여 평범하게 세상을 보낸다면 참
된 도를 실천한다고 볼 수 있을 것이다.

이걸 읽고 '뭐야, 그런 거야?'라고 힘이 빠지는 사람은
세상에 섞여 평범하게 세상을 보낸다는 것이 얼마나 어
려운 일인지 모르는 게 아닐까요? 참된 길을 실천하는 건
상당히 힘들거든요. 도미나가 나카모토의 글을 읽고 제
가 받은 인상은 여하튼 '정직한 사람이구나'였습니다. 나
카모토는 학식이 풍부한 사람으로 유불신의 모든 것에
대해 깊은 문헌적인 지식을 가진 동시대의 으뜸인 대학

* 옮긴이 주 : 신자들이 지켜야 할 다섯 가지 금계(살생·
투도·사음·망어·음주를 금함)와 열 가지 선한 행위.

자였습니다만, 그의 말은 매우 평이합니다. 이것은 아마 마을 학자라는 정체성에서 나오는 것이라고 여겨집니다. 상정 독자가 저잣거리 사람이거든요. 자신과 같은 수준의 전문가를 상대로 쓰는 것이 아니라 보통 사람을 향해 글을 썼죠. 유교, 불교, 신도에 대해서 그것이 어떤 교리이고 실제로 어떻게 수련하는 것인지 대략은 알고 있지만, 경전을 읽거나 종교의 이론을 음미하는 등의 전문적인 일은 해본 적 없는 비교적 지적인 저잣거리 사람을 염두에 두고 글을 썼습니다.

그 사람들이 자신의 사상을 이해해주고, 그리고 내일부터라도 실천해줬으면 좋겠다고 나카모토는 진심으로 생각하고 있었습니다. 행인의 소매를 잡고 "제발, 내 이야기 좀 들어줘."라고 간청한 거나 다름없습니다. 그런 절박한 느낌이 나카모토의 글 행간에서 스며 나오고 있습니다. 사람은 간청할 때 정성을 다해 말하게 되잖아요.

저는 정리(情理)를 다한다는 표현을 좋아하는데, 정리는 인정과 도리를 말합니다. 사람으로서의 감정을 바탕으로 일의 이치를 세우는 거죠. 감정에 호소하는 것만으로는 부족합니다. 도리만 관철하는 것 또한 부족합니다. 정과 이치라는 잘 맞지 않는 것을 어떻게든 절충해서 잘

섞어야 합니다. 나카모토의 글에서는 그런 느낌이 들었습니다. 그래서 콘텐츠를 이해할 수 있는가, 또는 내용의 옳고 그름을 어떻게 판단하는가보다 먼저 저는 '이 사람은 정직한 사람이구나'라는 인상을 받았어요. '이 사람은 진심으로 썼다. 딱히 논쟁에서 이기고 싶다거나 학술적 위신을 높이고 싶다거나 해박한 지식을 자랑하고 싶다거나, 하는 시시한 일은 생각하지 않는다. 다만, 참된 길을 모두가 실천해주기를 바라며 정리(정성)를 다해 간청했다.'라고 생각합니다.

정직을 철학의 주제로 삼아 연구한 학자는 없다고 앞에서 썼는데요. 이 말로는 표현이 부족했을 수도 있어요. 정직이란 주제로 논하는 것이 아니라 실천하는 것입니다. 정직론이라는 철학 책이 존재하지 않는 것은 정직이라는 것은 철학의 주제가 아니라 그것을 논하는 방법이기 때문입니다.

정직과 친절의 연결점

일단 정직에 대해서는 이 정도로 해두겠습니다. 자, 오늘의 주제인 정직과 친절의 관련성입니다. 이 두 덕목은 어떤 식으로 연결돼 있을까요?

먼저 '친절'이 무슨 뜻인지부터 시작하죠. 이 말의 의미를 당연히 알고 있다는 전제하에 여기까지 이 말을 써오긴 했지만 말입니다. 혹시 "부모를 끊는다가 무슨 뜻이야? 왜 '부모'를 '끊는다'는 글자를 가져온 거야?"라고 생각한다면 쉽게 답이 나오지 않습니다.

이런 경우는 한자의 원래 의미를 알아보는 것부터 시작해야 합니다. 우리가 일상적으로 사용하고 있는 말의 한자의 원래 의미를 알아보면 원래 의미가 지금 사용되고 있는 말의 의미와 상당히 떨어져 있는 것이 있습니다. 그 의미의 변천 과정을 더듬어보면 말의 의미의 깊이나 두께를 알 수 있습니다.

한자의 의미를 알아볼 때는 저는 항상 시라카와 시즈카 선생님의 『자통(字通)』을 열어봅니다. 먼저 부모(親)의 옛 뜻을 알아보기로 하죠.

> 신+나무+견(辛＋木＋見). 신에 관한 행사에
> 사용할 나무를 고르기 위해 신(辛; 바늘)을 찔
> 러보고 가운데를 잘라낸 나무를 신(新)이라
> 고 한다. 그 나무로 새로 신위를 만들고 절

하는 것을 부모(親)라고 한다. (…) 부모의
의미로 사용하는 것은 새 위패가 부모인 경
우가 많았기 때문일 것이다. 이는 그런 한정
적인 용례에 해당한다. 모든 사당에서 새 위
패를 올리는 경우, 그 대상이 가까운 사람이
니 '친애'의 뜻이 되고, 더 나아가 스스로 하
는'의 뜻으로 쓴다.

　그렇다고 합니다. 몰랐습니다. 부모(親)는 나무로 만든
위패를 말한다고 합니다. 거기에서 파생돼 '부모, 가족,
친하다, 가까운 사이, 스스로, 친밀하다' 등의 의미가 생
겼다고 합니다. 시라카와 선생님의 『자통』을 보면 늘 "그
렇습니까? 전혀 몰랐습니다."라는 말이 저절로 나오게
됩니다. 자, 그러면 절(切)이 붙은 친절(親切)은 어떨까요?
『자통』에 의하면 원래 의미는 '잘 들어맞는다'입니다.
　시라카와 선생이 용례로 인용한 것은 『창랑시화(滄浪詩
話)』의 일부분이었습니다.

　　나의 시론은 천백 년 동안 공안으로 여겨져
온 것을 거절하는 것으로 실로 세속을 경도
하는 주장이지만 대부분의 사람은 이에 동

의할 것이다. 선으로 시를 풀었으니 이보다
더 친절할 수 없다.

『창랑시화』의 저자는 송나라 시인 엄우입니다. 『창랑시
화』는 고금의 시를 종횡으로 논한 시에 대한 본격적인 이
론서로, 일본에서도 막부 말 메이지 시대까지 한시를 쓰
는 사람이 필수적으로 휴대한 책이었다고 합니다.

시론 안에 친절이라는 단어가 나옵니다. 저자 후기 부
분입니다. 자신의 시론에 주를 달고 이보다 친절할 수는
없다고 자찬하고 있습니다. 근데 이것만으로는 친절의
뉘앙스를 잘 알 수 없습니다.

어떤 단어나 문구의 의미를 알려면 인용 전후를 읽는
다는 것은, 전에도 썼지만 저의 철학 스승인 에마뉘엘 레
비나스 선생님의 가르침입니다. 저는 이 가르침을 최대
한 지키려고 노력했습니다. 그래서 이렇게 친절한 적이
없다는 글 뒤에 엄우가 무엇을 쓰고 있는지 『창랑시화』를
읽어보도록 하겠습니다. 친절이란 무엇인가에 대해 엄우
는 다음과 같이 설명을 이어가고 있습니다.

이것은 자가실증실오(自家実証実悟)하는 것

198

이며, 자가폐문(自家閉門)으로 경지를 열어 젖힌 것이다.

나의 시론(詩論)은 스스로 증명하여 스스로 터득한 것이며, 내 집의 문을 닫고 그 작은 경지를 자력으로 개간하여 얻은 것이다. 남의 집 울타리에 들러붙어 남이 뱉은 것을 주워 모은 시론과는 다르다.

친절이란 게 이런 뜻이었군요. '구석구석까지 미치다, 잘 들어맞는다'는 '자가실증실오(自家実証実悟)'를 말하는 것이었습니다. 『창랑시화』에는 '남이 만든 정형화된 문구를 빌리지 않고 스스로 체득하고 깨달음을 얻은 것만 말한다. 그것을 친절이라고 한다.'라고 쓰여 있는데, 시라카와 시즈카 선생은 이것을 친절이라는 말의 가장 적절한 용례라고 생각했습니다.

친절은 아무리 좁더라도 자기의 경험을 통해서 스스로 체득한 식견, 또는 확신을 두고 말할 수 있는 사념(思念)이나 감정을 말하는 것이라고 했는데요. 이건 제가 정직이라는 말에 대해 부여한 정의와 거의 같지 않나요?

옛 뜻에서 친절이 정직과 상당히 가까운 개념이었다니

깜짝 놀랄 만한 일이군요. 물론 그걸로 이야기를 끝낼 수는 없어요. 용기와 정직과 친절이 본질에 있어 하나라는 직감의 증명으로써 그것만으로는 부족합니다.

측은지심

우리가 현대어로 친절이라는 말을 사용할 때 어떤 행위나 심정을 가리키고 있을까요? 친절한 사람이나 친절한 행위라는 문구를 봤을 때 머릿속에 어떤 그림이 떠오르나요? 어르신께 자리를 양보해드린다거나, 엘리베이터 앞에서 유모차를 끌고 있는 아이 어머니에게 먼저 타라고 길을 비켜드린다거나, 옆 사람이 안고 있는 무거운 짐을 선반에 올려준다거나, 길을 잃고 당황스러운 얼굴을 한 외국인 관광객에게 도움이 필요한지 물어본다거나 하는 종류일 것입니다. 그 밖에도 여러 가지가 있다고 생각합니다만, 저는 우선 이 네 가지가 먼저 머리에 떠올랐습니다. 이 네 가지 모두에 공통되는 조건은 뭐라고 생각하세요?

네 가지 상황에 공통되는 것은 다른 사람이 발신하는, 지원을 요구하는, 미미한 신호에 반응하는 것입니다. 저는 도와달라는 목소리가 되지 않은 목소리를 듣는 것이 친절이라고 생각합니다.

제 개인적인 정의이기 때문에 일반성은 요구하지 않겠지만 일단 잠시 이 정의로 이야기를 진행하도록 하겠습니다. 친절하다는 것은 다른 사람이 발신하는 구난 신호를 듣는 것이라는 게 제 개인적 정의입니다.

친절의 가장 원초적인 형태가 측은지심입니다. 『맹자』의 「공손추장구 상편(公孫丑章句 上篇)」에 있는 말입니다. 우리 세대는 중학교와 고등학교 때 한문 수업에서 배웠으므로 누구라도 알 수 있는 말입니다만 지금 젊은이들은 모를 수 있습니다. 먼저 그 직역을 살펴보도록 하겠습니다.

맹자 왈, 사람은 모두 차마 어찌할 수 없는 마음을 지니고 있다. 사람은 타인의 고통을 간과할 수 없다. 다른 사람의 고통을 그냥 보고 지나칠 수 없는 마음을 지니고 다른 사람의 고통을 완화하는 정치를 행하면 천하를 다스리는 일은 손바닥 위에서 굴리듯이 쉽다.

아이가 막 우물에 빠지려 하는 것을 보면 누구나 놀라서 가엾은 마음이 든다. 아이의 부모에게 환심을 사려는 것도 아니고, 동료들의 칭찬을 받고 싶은 것도 아니고, 비정한 사람이라고 악평을 받는 것을 피하려는 것도 아니다. 사람을 가여워하지 않는 이는 사람이 아닌 것을 의미한다. 이 마음이야말로 인(仁)의 단초다.

아마 『맹자』에서 가장 많이 인용되는 유명한 구절일 것입니다. 인간으로서 가장 기본적인 덕은 우물에 빠진 아이를 즉시 돕는 것이라는 부분만 들으면 "뭐, 그렇겠죠."라고 누구라도 대답하겠지만, 제 생각에 여기에는 몇 개의 철학적인 장치가 있는 것 같습니다.

첫 번째 장치는 어린아이가 우물에 빠지는 순간이라는 초기 설정인 '막'입니다. 이는 '기다려달라고 할 수 없음'을 뜻합니다. 망설이고 있을 시간이나 생각할 겨를이 없습니다. 순간적으로 손을 내밀지 않으면 아이는 물에 빠지고 맙니다. '이 일을 하는 것은 올바른 것인가, 필요한 일인가, 돕는 것은 나여야 하는가'와 같은 생각을 할 시간이 없습니다. 즉, 머리를 개입시키지 않고 몸이 자동으로 움직이는 것이 인의 단서라는 것입니다. 머리로 이것저것 생각하고 결정할 일이 아니라 순간적으로 몸이 움직여버렸다는 데서 인간의 인간성은 시작됩니다.

즉, 인간적이라는 게 어떤 것인지는 몸이 알고 있다는 것입니다. 몸이 머리보다 똑똑하다는 것은 꽤 깊이 들어간 심신 관계에 대한 해석인데요. 경험적으로는 이 말이 맞다고 생각합니다.

두 번째 장치는 '아이'입니다. 우물에 빠지는 건 아이입니다. 그런데 아이는 몇 살 이하일까요? 6세? 12세? 혹은 18세? 어디까지가 어린이이고 어디부터 어린이가 아닌 것일까요? 양자를 가르는 보편적인 경계선 같은 것이 존재하는 걸까요?

만일 6세까지를 어린이라고 한다면 우물에 떨어지는 아이에게 나이 확인을 할까요? "너 몇 살이야?" "지난달에 7세가 됐어요." "아, 그래, 미안하지만 어린이가 아니구나. 도와줄 수 없어서 미안해."와 같은 식의 대화를 나눌까요? 말도 안 되죠. 왜냐하면 초기 조건이 '막'인데 그런 대화를 할 수 있을 리 만무하죠. '막'이라는 것은 아이의 연령을 확인할 여력이 없다는 의미거든요.

그럼 무엇이 어린이의 기준이 될까요? 예를 들어, 여섯 살이지만 체중이 80kg이 나가는 아이는 어떨까요? 이쪽이 가냘픈 사람이라면 무심코 그런 아이의 손을 잡았다가 끌려들어가 함께 우물에 빠져버릴 수도 있죠. 그렇다면 체중 제한도 설정해서 "내 완력이라면 구할 수 있는 것은 최대 40킬로까지인데 너 몇 킬로야?"라고 우물에 빠지려는 아이에게 물을까요? 물어볼 시간이 없죠. 거듭 말씀드린 대로 '막'이니까요.

그렇다면 도대체 여기서 맹자가 말하는 어린이란 누구를 말하는 것일까요? 무엇을 어린아이로 보느냐를 결정하는 것은 나이나 신체 조건이 아닙니다. 어린이인지 어린이가 아닌지를 결정하는 객관적, 외형적인 기준은 없습니다. 그럼 어떻게 결정할까요? 어린이 또는 어린이가 아닌지는 도움을 주는 사람이 결정하는 겁니다. 즉, 살려달라는 구원의 신호를 발신하는 대상이 있다면 그게 바로 아이입니다. 아이이니까 도와주는 게 아니죠. 도와주려고 생각한 상대를 아이라고 부르는 것입니다.

왜 그 존재를 아이라고 부르는가 하면 자신이 지금 수중에 가지고 있는 자원으로 구할 수 있다는 것을 알기 때문입니다. 자신이 순간적으로 도울 수 있는지, 없는지는 누구나 알 수 있습니다. 직감적, 순간적으로 생각하지 않고도 알 수 있습니다. 과연 내 힘으로 도울 수 있을지 고민한다면, 잠시 생각하지 않고서는 도울지 말지 결정할수 없는 상황이라면, 그것은 '막' 우물에 빠지려고 하는 상황이 아니라는 뜻입니다. 왜냐하면 고민하다가 그 사람이 우물에 빠져 죽거든요.

측은지심은 심사숙고 끝에 발동하는 것이 아닙니다. 그것이 중요합니다. 눈앞에 곤란해하거나 지원을 요구하는 사람이 있는데 '어떡하지? 도와줄까? 무리하는 걸까?' 하고 이런저런 생각을 하는 것은 측은지심이 아닙니다. 생각하면 안 됩니다. 생각 없이 몸이 움직여야 측은지심입니다.

그래서 맹자의 말처럼 측은지심이 인간 인성의 시작점이라고 한다면 생각 없이 움직이는 몸을 어떻게 만들 것인가, 하는 것이 실천적인 과제가 됩니다. 실은 이것은 무도 수업의 목표이기도 합니다. 제가 오랫동안 수업을 해오면서 확신했던 겁니다. 생각 없이 움직이는 것이 무도적인 이상입니다.

왜 측은지심과 무도의 이상이 본질적으로 같은 것인가를 설명하기 위해서는 꽤 긴 지면이 필요하므로 다음번에 쓰도록 하겠습니다. 오늘은 여기까지 하겠습니다. 이야기가 점점 복잡해지는군요. 미안합니다.

2023년 2월 10일

여덟 번째 편지

/

돈을 위해 다른 사람이
싫어하는 일을 할 필요가 있을까요?

우치다 선생님

느긋하게 에피소드를 써서 보내고 있는 사
이에 선생님의 붓이 점점 앞서가고 있어서 스릴 있으면
서도 한편으론 홀로 남겨진 것 같기도 합니다.

지금까지 주고받은 편지를 몇 차례 다시 읽어보니 제
자신의 미숙함에 어이가 없었습니다. 저는 열 살 즈음 정
의에 대해 생각하게 됐고, 사춘기에는 세상이 그리 단순
하지 않다는 사실을 깨닫고 흔들렸습니다. 그리고 어딘
가에서 용기를 손에 넣는 모습을 이미지로 떠올렸지만,
글을 쓰다 보니 용기를 얻기는커녕 중2 무렵부터 조금도

편지 8

성숙하지 않은 자신을 발견하고 깜짝 놀랐습니다. 이 편지 쓰기 덕분에 깨달은 것이라 감사하게 생각합니다.

첫 번째 편지부터 용기, 정직, 친절이 키워드로 나와 있어서 도대체 어떻게 된 것일까 생각했습니다. '용기란 애당초 어디에서 솟아나는 것일까요?'라는 소박한 의문에 대해서 꼼꼼하게 설명해주시는 것을 듣다 보니 그것들이 연결되는 거구나, 하고 상상할 수 있었습니다.

용기가 있으면 앞으로 나아갈 수 있을 것으로 생각했습니다만, 그렇게 단순한 것은 아닌 모양이네요. 용기와 정직은 자신의 내면에서 나오는 것이기는 하지만 타자가 존재하지 않으면 그저 망상일 뿐입니다. 타자와의 관계 속에서 용기와 정직이 처음으로 드러날 수 있다고 하면 용기는 어디에서 생기는가, 하는 질문 자체가 막다른 골목에 다다릅니다. 거기에 새롭게 친절이라는 키워드가 들어왔죠. 도대체 어떤 전개가 될지 기대하지 않을 수 없습니다.

친절이란 작은 목소리를 깨닫는 일이라고 적혀 있어서 얼마 전 여럿이서 점심 식사를 함께했던 게 생각났습니다. 그 식당은 먹을 수 있는 상태인데 버려지는 식품(food loss)을 고려해 먹을 만큼의 빵을 준비한다고 하는데요.

제 오랜 친구는 'food loss'라는 말이 신경 쓰여 잠시 머리가 하얘졌다고 합니다.

함께 식사하고 있던 저를 포함해 아무도 마음에 두지 않았던 문구로 머릿속이 복잡해지고, 우선은 눈앞의 접시를 깨끗이 치워야 한다는 생각이 머리에 가득해서 이야기를 전혀 들을 수 없었다고 합니다. 그는 여러 권의 베스트셀러를 만든 편집자인데, 히트작을 만드는 자질이 이런 데 있구나, 하고 새삼 깨달았습니다. 작은 흔들림이 신경 쓰여 어쩔 수 없는 거죠.

몇 년 전에 '불쉿 잡(Bullshit job)'이라는 말이 유행했죠. 그러고 보면 이 세상은 굳이 하지 않아도 되는 쓸데없는 일로 가득 차 있습니다. 한편으로 그것들을 관리하는 컨설턴트라는 직업이 젊은 사람에게 인기가 많은데요. 컨설팅 회사에서 출판사로 이직해온 사람과 이야기를 나눴을 때 직업관에 대해 굉장한 차이가 있는 것을 알았습니다. 인생에서 중요하게 여기는 게 달랐습니다.

그의 말에 따르면, 편집자들은 보통 자기가 좋아서 직업으로 삼은 경우가 많은데 그렇게 되면 비즈니스가 성립되지 않는다고 합니다. 일단은 비즈니스로서 성립한다고 대답은 했습니다만, 그는 컨설팅은 사람들이 싫어하

211   편지 8

는 일을 하므로 높은 보수를 받는 거라며 비즈니스의 가장 중요한 포인트가 거기에 있다고 주장했습니다. 모든 컨설턴트가 이런 생각을 하고 있다고는 생각하지 않지만 굉장히 위화감을 느꼈습니다.

작은 깨달음이라는 말에서 여러 생각이 떠올라 이야기가 주제에서 벗어나서 죄송합니다.

용기가 있으면 좋겠다고 생각했는데, 용기 이전에 정직과 친절이 있었다는 부분은 실로 대단한 발견입니다. 순서가 반대였군요. 과연 용기가 어디에서 생기는지 꼭 이대로 계속해주시기 바랍니다.

2023년 2월 20일

/

감수성을 둔하게 하는 삶은
자멸적입니다

후루타니 님

안녕하세요. 우치다 다쓰루입니다.

오랫동안 답장을 하지 못해 죄송합니다. 2월 말에 몸 상태가 안 좋았고(원래 무릎이 안 좋았는데 그게 악화됐습니다), 3월엔 다리 통증 때문에 집에서 거의 나가지 못했고, 4월에 입원해서 무릎에 인공 관절을 넣는 수술을 하고 월말에 퇴원해 지금 6월 초입니다. 이제 슬슬 걸을 수 있게 된 참입니다. 아직 합기도 수련은 재개할 수 없지만, 노가쿠 수련은 할 수 있게 됐습니다. 여름까지는 어떻게든 일상으로 돌아가고 싶습니다.

병원으로 간식을 보내주셔서 대단히 감사합니다. 수술이 끝나고 일주일 정도 지나고 나서는 오로지 재활에만 시간을 할애해서 할 일이 없었습니다. 하루 1시간은 물리치료사 선생님이 마사지와 스트레칭을 해주시고, 또 1시간은 병동 안을 걷는 과제를 줬기 때문에 부지런히 걸었습니다. 그외 나머지 22시간은 자유 시간이었습니다. 낮잠 자고, 책 읽고, 킨들로 만화 보고, 음악 듣고, 원고 쓰고, 과자 먹고… 여유롭게 지냈습니다. 코로나로 면회 금지라서 병문안을 오는 사람도 없고, 전화도 편지도 오지 않았습니다. 이 상태로 술만 마실 수 있다면 언제까지나 입원해 있어도 좋을 텐데… 물론 그럴 수는 없는 노릇이죠.

아무튼 이야기를 이어가도록 하겠습니다. 후루타니 씨가 흥미로운 소재를 주셨으므로 우선 그것에 대해 제 생각을 써보고자 합니다.

'남들이 싫어하는 일을 하고 있으니까 높은 보수를 받는 것이다. 비즈니스의 가장 중요한 점은 거기에 있다.'라는 주장 말입니다. 후루타니 씨가 느낀 미묘한 위화감이라는 것은 일종의 경계경보가 아니었을까요? 방금 들은 말을 쉽게 넘기지 말고 좀 생각해보는 것이 좋다는 경고를 자신에게 보낸 것이죠. 그 말이나 태도 속에 무엇인가

머지않아 위험한, 혹은 꺼림칙한 일이 벌어질 것 같은 징후가 느껴진다고 말입니다.

제가 그 자리에 있고 그 사람의 이야기를 들었다면 비슷한 기분이 들었을 것 같습니다. 그리고 잠자코 듣기만 하고 그 사람의 이야기를 가로막거나 그에 대해 반론하지 않았을 것 같습니다. 병이 깊으니 쉽게 대처할 수 없겠구나, 하는 체념 같은 거라 할까요. 그는 병을 앓고 있다고 생각합니다. 그 증상은 상당히 깊은 곳에서 비롯됐을 겁니다. 그게 어떤 병이고 어디서 비롯된 병인가에 대해서 좀 생각해보도록 하겠습니다.

유명해지고 싶은 욕망

얼마 전 정치학자 시라이 사토시 씨와 대담을 나눴습니다. 첫 번째 화제는 '아이들은 왜 그토록 사회적 승인을 갈망하는가'라는 것이었습니다.

최근에 대학교 1학년 남학생이 어둠의 아르바이트*로

---

* 옮긴이 주 : 고액의 돈을 받고 범죄 행위를 대행하는 불법 아르바이트.

장물을 운반하던 중 차에서 가스가 새서 갓길에 정차했다가 트럭에 추돌당해 사망한 사건이 있었습니다. 그 학생은 보통의 중산층 집안에서 태어나 중고등학교 때는 우등생이었고 괜찮은 대학에 입학한 지 얼마 되지 않았는데요. 말을 잘하고 싶다는 이유로 호스트 클럽에서 아르바이트를 시작한 직후 어둠의 아르바이트를 하다가 사고사했습니다.

도대체 이 학생은 무엇을 바라고 그런 일을 했는지 시라이 씨와 함께 생각해보는 시간을 가졌습니다.

그리고 스스로를 고유명사로 승인하고, 평가하고, 사랑하는 가족이나 학교 친구를 넘어선 더 넓은 범위에서 불특정 다수로부터의 사회적 승인을 구하고 있었던 것은 아닐까, 하는 가설에 도달했습니다. 어느 시점부터 불특정 다수로부터의 사회적 승인을 구하는 경향이 급격히 강력해진 듯합니다.

최근 진행된 설문 조사에서 초등학생이 가장 되고 싶은 직업 1위는 유튜버였습니다. 아마 아이들이 유튜버가 가장 효율적으로 사회적 승인을 받을 수 있는 직업이라고 느끼기 때문인 것 같아요. 이론상으로는 스마트폰만 있으면 전 세계를 향해 자신을 내보낼 수 있으니까요. 아무 준비도 자격도 필요 없죠. 학력 불문, 경력 불문으로 말만 잘해도 유명해지고 월수입으로 수십만, 심지어 수백만 엔을 벌 수 있다고 생각하는 거죠.

실제로 그런 식으로 유명 인사가 돼 그것을 발판으로 국회 의원이 된 실례가 우리 눈앞에 있죠. 비용 대비 효과를 최우선으로 생각하라고 줄곧 세뇌당해온 아이들에게 '유명해지기 위해 유튜버나 한다'는 사고방식은 합리적인 선택이 아닐 수 없습니다.

그런데 제가 궁금한 건 유명해지겠다는 욕망의 방식입니다. 왜 유명해지고 싶은 걸까요? 저만 해도 어렸을 때 딱히 유명해지고 싶다고 생각한 적이 없었습니다. 중학생 때는 신문 기자가 되고 싶다 썼고, 고등학생 때는 문학 연구자로 바뀌었습니다. 쓰고 싶은 것이 있다, 그것을 공표해서 읽고자 하는 사람들에게 전하고 싶다는 생각으로 그와 관련된 일을 직업으로 삼고 싶었습니다.

쓰고 싶은 것이 높은 평가를 받는다면 결과적으로 독자들 사이에 이름이 알려질 수는 있겠지만 그게 제 글쓰기의 목적은 아닙니다. 쓰고 싶은 것을 쓸 수 있고 그 저작물이 읽고자 하는 사람에게 닿는다면 제 목표는 달성됩니다. 몇몇 독자들에게 고유명사로 인식되는 것만으로 충분하다고 생각했습니다. 그 생각은 지금도 변하지 않았습니다.

제 안에서 쓰고 싶은 게 항상 마르지 않고 샘솟으리라는 점에 대해서는 어렸을 때부터 이미 확신을 가지고 있었습니다. '내 안에는 소소한 광맥 같은 게 있다, 그것은 나의 외부에 있는 거대한 지하 광맥 같은 것과 연결돼 있다, 그 지하 광맥은 무수히 가지를 뻗어서 여러 사람에게 연결돼 있고 그 뻗은 가지 중 하나가 내 안에 있다, 그러니 뭔가를 무리하게 창조할 필요는 없다'고 생각했습니다.

중요한 것은 광맥에서 뿜어져 나오는 것의 통로가 되는 일입니다. 그 지나가는 길에 '막힘'이 생겨서는 안 되죠. 가능한 한 통로 안쪽에 전분이나 쓰레기 따위가 쌓이지 않도록 신경 씁니다. 외부에서 나를 지나쳐 분출되는 것의 흐름에 방해되지 않는 양도체가 되려고 노력합니다. 그것으로 충분하죠. 아무튼 뭔가가 통하는 길이 되는 것을 제 직업으로 삼고 싶었습니다.

물론 어렸을 때는 이렇게 구체적으로 생각하지 않았습니다. 막연했죠. 하지만 직업을 일종의 임무라고 생각했던 것은 확실합니다. 자신이 선택하는 것이 아니라 나보다 훨씬 큰 존재로부터 부탁 받는 것이라고 느끼고 있었습니다. 이렇게 보니 저도 되게 특이한 아이였네요.

세상에 태어난 이상 제가 아니면 할 수 없는 일이 분명히 존재할 테니 그 일을 하자는 생각은 꽤 어렸을 때부터 했습니다. 이는 여섯 살 때 심장 질환으로 죽을 뻔한 경험과 관련이 있을지도 모릅니다.

처음 갔던 동네 병원 의사가 단순 감기라고 오진하는 바람에 병세가 진행됐습니다. 그러다 온몸의 통증으로 거동조차 할 수 없게 돼서 전문의를 찾았을 때는 이미 늦었다는 말까지 들었습니다. 저는 살날이 한 달 남은 시한부 환자가 됐습니다. 다행히 미국산 특효약이 효과가 있어서 죽지 않고 살아남았지만 심장 판막증이 후유증으로 남았습니다. 담당의가 평범한 인생을 포기하라고 했을 때 어린 마음에도 여생에 대해 생각하게 됐습니다. 여생은 좋아하는 일을 하면서 보내야 한다는 생각에 제게 어떤 임무가 주어진 것일까에 대해 고민하게 됐습니다.

선물처럼 주어진 여생이니 다른 사람은 어려운, 저만을 위해 준비된 임무를 완수하지 않으면 살아갈 보람이 없을 것 같았습니다. 좀 특이하지만 죽음의 문턱에서 간신히 살아돌아온 허약한 아이가 생각한 바로서 나름 자연스러운 흐름 아닌가요.

그런 사고방식을 가진 아이는 유명해지고 싶다는 생각은 하지 않죠. 유명해지는 걸 목표로 살면 유명해지지 못했을 때 선물 같은 여생을 낭비한 게 되니까요. 하지만 다른 사람으로는 대체 불가능한 일이라고 생각하고 그 일에 임한다면 도중에 수명이 다해도 그때까지만큼은 산 보람이 있는 거죠.

자신에게 맡겨진 임무를 찾아라

아이들은 왜 유명해지는 데 집착하는가, 하는 대화를 나누다가 한 가지 반증 사례로 적어도 저는 유명해지는 데 관심이 없었다고 했습니다. 제가 유명해지는 데 관심이 없었던 이유는 일을 저를 위한 일종의 임무라고 생각했기 때문입니다. 여기서 그다지 설득력은 없지만 그래도 몇 가지 가설을 도출할 수는 있을 것 같습니다.

유명해지는 것, 다시 말해 권력, 재화, 위신, 명성 등을 손에 넣는 현세적 성공을 목표로 하는 사람은 자신이 임무를 위탁 받았다는 감각이 희박한 게 아닌가, 하는 가설입니다.

'당신에게는 해야 할 일이 있다, 그게 뭔지는 아직 모르지만 자신에게 맡겨진 것을 찾는다'는 것은 유명해진다는 것과 마음가짐이 전혀 다릅니다. 앞으로 자신이 해야 할 일이 무엇일지 생각하는 사람은 좋은 대학에 가고 싶다든가, 좋은 회사에 들어가고 싶다든가, 말을 잘하고 싶다든가, 일단 큰돈을 벌고 싶다는 생각은 염두에 두지 않습니다.

단, 오해하지 않았으면 하는 점은 자신에게 주어진 임무를 찾는 일이 예전에 일본의 교육 행정이 추진하던 '자아 찾기'와는 전혀 다른 것이라는 사실입니다.

자아 찾기는 '나는 무엇인가'라는 정체성을 확립하는 게 목적입니다. 하지만 자아를 찾는 사람이 자신을 가장 잘 아는 사람들(가족이나 친구)과 긴 인터뷰를 하고 "나는 어떤 사람인가요?" 하고 물어본다는 말은 들어본 적이 없습니다. 보통 나를 찾는 여행을 떠나는 사람은 진짜로 여행을 떠나고 말거든요. 대개는 나를 아무도 모르는 땅에 가서 나를 전혀 모르는 사람들과 만나서 '나는 누구일까'라는 물음에 대한 답을 찾는 게 기본인 것 같습니다.

그런데 그런 발상은 좀 그렇습니다. 자신의 개성을 그런 경험에서 찾을 수 있을까요? 저는 없을 것 같아요. 그 것보다는 음식이 입에 맞지 않거나 매너나 가치관이 다른 데 충격을 받고 나는 뼛속까지 일본인이구나, 라는 생각이 먼저 들 것 같은데요.

역시 여름에는 오이를 우적우적 씹으면서 꽝꽝 언 캔 맥주를 마시는 게 최고지, 좀 출출할 때 500엔짜리 동전 한 개만 있으면 덮밥, 메밀국수, 편의점 샌드위치를 얼마든지 먹을 수 있는 일본이 최고지, 라고 깨닫는 일이 잘못된 건 아니지만 그건 자아 찾기라기보다는 민족적 정체성 찾기에 가깝습니다.

그리고 '일본인으로 태어나길 다행이야' 같은 감상을 무심코 입 밖으로 내뱉음으로써(방심하다 보면 무심코 툭 튀어나옵니다), 문부 과학성이 아이들을 부추기기 위해 자아를 찾는 여행을 떠나자고 한 전략의 함정에 빠진 셈이 되지 않을까요.

자신의 임무를 찾는다는 것은 자신의 천직을 찾는 것을 의미합니다. 지금까지 몇 번이나 써온 거라서 그 이야기는 이미 했다고 지적하는 사람들이 있을 텐데요. 중요한 이야기라서 몇 번이고 반복하겠습니다.

천직을 영어로는 'vocation'이나 'calling'이라고 합니다. 'vocation'은 라틴어 'voco(부르다)'에서 유래했고, calling은 영어 동사 call에서 파생된 말입니다. 둘 다 '부르다'라는 의미의 동사 파생어입니다. 그렇습니다. 천직은 부름을 받는다는 것입니다. 자신이 고르는 게 아니라 저쪽에서 불러주는 것입니다. 전에 측은지심 이야기를 할 때 우물에 빠지려는 아이의 구난 신호를 감지하는 데서 인간성이 시작된다는 내용을 언급했는데요. 천직도 마찬가지입니다. 자기를 부르는 신호를 알아듣는 겁니다.

지금 학생들이 하는 취업 활동은 천직을 만나는 데 전혀 도움이 되지 않습니다. 일본 각지에 있는 대학의 취업센터나 취업 교육 담당 교직원들에게 시비를 거는 일이나 다름없지만, 그 위험을 무릅쓰고 굳이 다시 한 번 말씀드리겠습니다. 취업 활동은 자신의 천직을 만나는 데 전혀 도움이 되지 않습니다.

왜냐하면 채용하는 측은 떨어뜨릴 생각만 하고 있으니까요. 경쟁률 100대 1이라든가, 1000대 1 같은, 구직자가 쇄도하는 일은 요컨대 99%의 구직자를 부르지 않았다는 것입니다. "네가 반드시 필요한 건 아니야. 왜냐하면 너를 대체할 수 있는 사람은 남아도니까."라고 공언하는 거죠. 그러니까 부르지 않은 겁니다. 저는 부르지 않은 곳에 수많은 사람들을 헤치고 뛰어드는 일은 별 의미가 없다고 생각합니다.

기왕이면 불러주는 곳에 가는 게 좋지 않을까요. 저는 그렇게 생각합니다.

부르는 소리는 갑자기 찾아온다

부르는 소리는 정말로 갑자기, 우연히 찾아오는 겁니다. 측은지심과 매우 비슷해서 많은 경우(거의 모든 경우) "죄송합니다. 좀 도와주실 수 있을까요?"라는 형태로 도래합니다. 아주 사소한 도움 말입니다. "문 좀 열어주시겠어요?" "잠깐만 식탁보 가장자리를 잡아줄래요?" 같은 사소한 의뢰로부터 시작되는 겁니다. 그리고 그 갑작스러운 의뢰에 대해 흔쾌히 도와주면 그 후에 "정말 감사합니다. 아, 살았다. 괜찮으시면 이거 드실래요?" 같은 전개가 됩니다. 거기서부터 천직으로 가는 길이 열립니다. 참으로 신기한 일이죠.

왜 그런 희한한 일이 일어나는가 하면, 어떤 사람이 보낸 도와달라는 구난 신호는 받은 사람 외에는 들리지 않기 때문입니다. 동어 반복으로 들릴지도 모르겠지만 그렇습니다. 다른 사람의 귀에는 도와달라는 신호가 닿지 않은 겁니다. 정말로 들리지 않았을지도 모르고, 들렸으나 무시했거나 남에게 의지하지 말고 알아서 하라고 생각했을지도 모릅니다. 하지만 그것을 들은 사람이 있었고 도와줄 생각이 들어서 도와줬던 거죠. 사실 남을 돕는 일이 흔하지 않은 사건이거든요.

측은지심 이야기를 할 때도 썼던 내용인데요. 측은한 마음은 아이가 우물에 빠져 있다고 생각한 사람에게만 생깁니다. 그렇게 생각하지 않았던 사람들, 즉 아이를 돕기 위해 무심코 손을 내미는 일을 하지 않은 사람들은 많았습니다. 실제로는 그 사람들이 더 많을 수도 있습니다.

그런데 그 사람들이 예외적으로 야박했던 건 아닙니다. 그 자리에 있던 게 도움을 요청하는 아이로 보이지 않았을 뿐입니다. 우물가에 사람들이 모여 있네, 하고 지나갔을 수도 있습니다. 혹은 우물 자체가 보이지 않고 아이가 있구나, 하고 지나갔을 수도 있고요. 아니면 우물에 빠진 게 아니고 물에서 논다고 생각하고 지나쳤을지도 모릅니다. 그건 알 수 없습니다.

하지만 그중에 아이가 우물에 빠질 것 같다고 생각한 사람이 있었고 측은한 마음이 발동했습니다. 왜 측은지심이 발동했는가 하면 살려달라는 아이로부터의 (목소리가 되지 않은) 구난 신호를 수신했기 때문입니다. 살려달라는 소리를 들은 이상 도와주지 않을 수 없다고 생각한 거죠.

도와달라는 신의 목소리

천직과의 만남도 비슷합니다. 천직은 사람을 부르는 일입니다. 하지만 도와달라는 구난 신호가 들리는 사람과 들리지 않는 사람이 있습니다. 대부분은 들을 수 없습니다. 그래서 그것을 들은 건 일종의 숙명입니다.

성경에는 족장이나 선지자들의 귀에 하나님의 목소리가 들리는 장면이 여러 번 등장합니다. 그들이 하나님의 목소리에 따라 행동함으로써 일신교 신앙은 틀을 잡아갑니다. 하나님의 목소리는 도와달라는 부름이었습니다. '앞으로 일신교 신앙이라는 것을 세상에 전파하고 싶은데 도와줄 수 있을까?'라고 호소했습니다.

하지만 자세히 생각해보면 좀 희한하지 않나요? 하나님은 창조주잖아요. 전능한 신이요. 그런 신이 인간을 향해 도와달라고 하는 게 이상하다고 생각하지 않습니까?

전능한 신이라면 처음부터 일신교 신앙을 깊이 내면화한 인간을 창조하면 될 일이죠. 세상을 창조할 때 초기 설정을 일신교로 해두면 그만인데요. 하지만 하나님은 그러지 않았습니다. 인간을 영적으로 미숙한 존재로 만들어놓고 인간 속에 신을 경외하는 마음이 생겨나기를 기다렸습니다.

여기가 일신교의 갈림길이에요. 신은 인간을 창조했을 때 신을 경외하는 마음을 인간 속에 탑재하지 않았습니다. 신을 경외하는 마음은 인간이 스스로 찾아야 하기에, 하나님을 경외하는 마음을 표준 장착한 인간을 창조하고 그 인간들에게 예배를 받는다면 하나님은 전혀 기쁘지 않았을 겁니다. 그것은 복화술사가 자기 인형한테 '당신을 숭배합니다'라고 말하게 하는 것과 같으니까요.

유대교에서는 신을 진정으로 위덕(威德)에 걸맞은 존재라고 하면서 신을 경외하는 마음을 자력으로 찾을 수 있는 존재로 인간을 창조했다고 가르칩니다.

에마뉘엘 레비나스는 탈무드의 한 구절을 인용하며 다음과 같이 썼습니다.

> 탈무드의 오래된 구절(『브라코트 편』 33b)에는 '랍비 하니나는 하나님을 경외하는 마음을 제외한 모든 것은 신의 손안에 있다고 했다'라고 기록돼 있다. 신을 경외하는 것은 인간

의 일이다.

— 우치다 다쓰루 역, 『관념에 도래하는 신에 대하여』

인간은 영적으로 미숙한 상태로 창조되지만 신을 경외하는 마음을 스스로 발견한다는 의미인데요. 즉, 창조주는 인간을 영적으로 성숙한 상태로 초기 설정하지 않고 영적으로 성숙할 가능성만을 인간에게 부여했습니다.

그래서 하나님으로부터의 부름이 들리는 사람과 들리지 않는 사람으로 나눠지는 것입니다. 대부분의 사람들에게는 들리지 않았기에 부름이 들린 예외적인 사람들을 예언자라고 불렀습니다. 말 그대로 하나님의 말씀을 맡은 사람입니다. 그리고 그들을 거점으로 삼아 일신교 신앙은 세계로 퍼져 나갔습니다.

저는 일신교의 발생에 관한 이야기에 일종의 보편성이 있다고 생각합니다. 하나님은 전지전능합니다. 하지만 하나님은 세상을 일신교가 표준 장착된 곳으로 창조하지 않았습니다. 그리고 사람들을 일신교 신앙으로 이끌기 위해 도와달라는 부름을 하고 거기에 응답하는 사람이 나오기를 기다렸습니다. 끊임없이, 정신이 아찔해질 정도로 오랜 시간을 기다렸습니다. 그러자 어느 순간 도와달라는 부름에 응답하는 인간이 등장했습니다. 노아, 아브라함, 모세 같은 사람들 말입니다.

참으로 기묘한 일이지만 전지전능한 하느님과 우물에 빠지려는 아이는 기능적으로는 똑같습니다. 모두 도와달라는 구난 신호를 보내고 있었고 그것을 수신해줄 사람의 등장을 기다리고 있었습니다. 그리고 이 구난 신호는 매우 듣기 힘든 것이었습니다. 그런데 그걸 알아들은 사람이 있었습니다. 그리고 자신이 들은 것을 통해 인류를 윤리적으로 조금은 향상시켰습니다. 그런 점에서 맹자의 우물에 빠지려는 아이 이야기와 선지자에게 호소하는 하느님 이야기는 같은 이야기입니다. 왜냐하면 둘 다 그것이 인(仁)의 단서가 되고 인간의 인간성의 기점이기 때문입니다.

불씻 잡은 사라지지 않는다

왜 이런 이야기를 시작했는지 잠시 이야기를 되돌리겠습니다.

원래는 후루타니 씨가 만난, 싫은 일을 하니까 높은 수입을 얻는다는 편집자가 한 말에 위화감을 느낀 이야기로부터 시작된 것이었죠. 그 사람을 포함해 유명해지는 것, 부자가 되는 것을 직업의 목적으로 삼는 이들은 그것을 달성하기 위해 비용 대비 효과가 가장 좋은 방법을 찾는 데에 관심을 집중시키며 살아갈 것입니다.

그리고 그 사람은 사람들이 싫어하는 일을 적극적으로 맡는 것이 최단 거리라는 경험치를 익혔습니다. 확실히 그것도 하나의 식견입니다. 아마 그런 방식으로 성공한 실감이 있으므로 단언했겠죠.

그런데 저는 이게 상당히 위험한 삶의 방식이라고 봅니다. 이 말인즉슨, 그의 말이 사실이라면 일의 상당 부분이 불쾌함을 견디는 것이라는 의미잖아요. 참 이상하지만 불쾌감, 무의미함, 부조리를 견디는 일들이 높이 평가되고 고수입을 안겨줍니다.

도움되는 일을 하는 사람은 지위가 낮고 보수가 적은 반면, 가치를 창출하지 않는 사람이 지위가 높고 보수가 많다는 것은 어제오늘의 이야기가 아닙니다. 인류의 여명기부터 계속 그래 왔다고 소스타인 베블런은 썼습니다.

베블런은 직접 생산 노동을 하지 않고 생산된 재화에 대해 기득권을 주장하는 사람들을 유한 계급이라고 불렀습니다. 유한 계급의 기원은 태고의 비생산적이고 영예

로운 계급에서 출발합니다. 이 시기에 강건한 남자에게
는 약탈이 기대됐습니다. 수렵 시대가 끝나고 농업 생산
이 시작된 이후에도 가장 존경 받는 직업은 무인이었고
성직자가 그 뒤를 이었습니다. 그들은 노동을 면제 받았
습니다. 노동하지 않는다는 것이 그들이 탁월한 지위에
있음을 나타내는 지표였습니다.

> 약탈 이외의 수단으로 재물을 취득하는 것
> 은 최고의 지위에 있는 남자에게 적합하지
> 않다고 판단하게 된다. 같은 이유로 생산적
> 인 일을 수행하거나 타인에 대해 봉사하는
> 것도 오명을 쓴다. 약탈에 의한 영웅적 행위
> 와 취득과 산업적 직업 사이에 이런 질투를
> 불러일으키는 구분이 발생한다. 노동은 그
> 것으로 돌아간 불명예 때문에 혐오스러운
> 성질을 획득하는 것이다.
>
> ─ 소스타인 베블런, 『유한 계급론』

　노동은 인류사의 여명기부터 이미 혐오스러운 것이었
습니다. 진화 생물학자 재레드 다이아몬드는 유한 계급

이 왜 발생했는지에 대해 베블런과 좀 다른 설명을 하고 있습니다. 다이아몬드에 따르면, 유한 계급은 농업 생산과 시작을 같이합니다. 수렵 채집민은 식량 조달이 안정적이지 않기 때문에 저장할 수 있을 만큼 잉여 음식을 가질 수 없습니다. 사냥감이 다음에 언제 잡힐지 모릅니다. 그래서 그들은 기아 베이스에서 살았습니다. 잉여 음식이 없는 집단에서는 자기는 일하지 않으면서 다른 사람을 관리하는 비생산자가 존재할 여지가 없었습니다. 그래서 수렵민 집단에 유한 계급이 존재하지 않는다는 것이 다이아몬드의 견해입니다(이 점이 베블런과 다릅니다).

그러다 농업 생산이 시작되자 인류는 잉여 음식을 손에 넣게 됐습니다. 농경민이 생산할 수 있는 칼로리는 단위 면적당 수렵민의 10배에서, 많게는 100배에 달했습니다. 즉, 농경민은 단위 면적당 수렵민의 10배에서 100배의 인구를 부양할 수 있는 것입니다. 다이아몬드는 이때 자신은 노동에 종사하지 않고 남에게 노동을 시키는 전문가가 등장했다고 봅니다.

인구가 조밀한 곳에서는 농사를 짓지 않는 주민들이 농민들을 지원하는 형태로 집약적

인 농업 생산에 종사시킨 결과 비생산민들
을 부양할 수 있는 충분한 식량이 생산됐다.
이 농민들을 식량 생산에 종사시키는 역할
을 하는 비생산자들은 족장, 승려, 관리, 전
사 등이다.

— 재레드 다이아몬드, 『총, 균, 쇠』

농업 생산이 시작되면서 비생산자이자 전문가가 생겨
났습니다. 이때 인류는 경탄할 만한 사실을 알게 됐습니
다. 자신은 식량 생산에 종사하지 않고 다른 사람에게 노
동을 시킬 만한 비생산자가 있어야 생산량이 증가한다는
것입니다. 정말 놀랍지 않습니까.

유한 계급, 즉 비생산자가 종사한 분야는 전쟁, 종교,
정치, 스포츠, 학문 등입니다. 유한 계급은 식량은 생산하
지 않았지만 어떤 가치를 만들어내긴 했습니다. 그들이
제공한 것은 효율적 조직 운영, 집단적 열광, 기학적 쾌
감, 종교적 법열, 지적 고양 같은 것이었습니다. 이것들은
식량 생산에만 종사해서는 결코 얻을 수 없습니다.

우리가 가공할 적과 목숨을 건 싸움을 계속하고 있다
는 이야기든, 우리에게만 선택적으로 호감을 주는 신에

의해 우리는 보호 받고 있다는 이야기든 뭐든 좋습니다. 그런 이야기를 가진 집단은 높은 결속력을 갖고 그 집단에 귀속된 성원들에게 모종의 자기 긍정감을 줍니다. 그리고 그러한 이야기를 가지고 있는 집단은 집단을 한데로 묶는 이야기를 가지지 않은 집단보다 강합니다.

다이아몬드가 19세기 뉴질랜드에서 일어난 한 부족의 학살을 예로 들었습니다. 고립된 소집단으로 이루어진 수렵 민족이 인구 대비 절반에 불과한 농경민 집단에게 순식간에 죽임을 당해 잡아먹힌 일이 있었습니다.

수렵민들은 자연환경에 부하를 주지 않는 생태적으로 올바른 삶의 방식을 가지고 있었습니다. 하지만 모두가 노동에 종사하는 수렵민들 집단에는 안타깝게도 정치적 지도자나 주술사, 살상 전문가가 없었습니다. 말하자면, 비생산자가 없었던 거죠.

그러다 그 비생산자로 구성된 농경 민족들에 의해 학살당하고 말았습니다. 이 사례에서 알 수 있듯, 유한 계급을 거느린 집단은 그렇지 않은 집단보다 생존력이 강합니다. 안타깝게도 이것이 인류사적 진리입니다.

왜 불쉿 잡이 사라지지 않느냐는 물음에 대한 답의 일부가 여기에 있습니다. 불쉿 잡에 전념하는 사람들은 이를테면 현대의 유한 계급(비생산자)입니다. 생산에 종사하지 않고, 가치를 창출하지 않고, 효율적 조직 운영이나 집단적 열광 따위를 만들어내는 것이 '불쉿 잡러'의 임무입니다.

키보드를 두드려 화면에 표시되는 숫자에 일희일비하거나, 평가와 근무 고과를 까다롭게 하는 사람들은 가치 있는 것을 생산하지 않지만 사실 그들 나름대로 노동을 하는 겁니다. 그들은 인간은 돈을 위해 산다는 환상을 뿌리며 집단 구성원들에게 노동 인센티브를 제공합니다. 고대 주술사나 스토리텔러들이 담당했던 이야기 생성 역할을 지금은 불쉿 잡러들이 이어받았습니다.

눈앞의 숫자를 보고 그 숫자가 오르내리는 게 마치 인간의 생사보다 훨씬 중요한 사건인 것인 양 핏대를 올리고 열화와 같이 화를 내고 눈물을 글썽이며 함박웃음을 짓습니다. 이러한 주술적인 행동을 통해서 생산하는 사람들의 노동 인센티브를 점화하는 것입니다. 그러니 태고의 주술자와 별반 다르지 않은 거죠.

후루타니 씨가 만난 전 컨설턴트의 이야기는 어느 정도는 인류사적 사실을 근거로 하고 있습니다. 다만 그가 언급한 것들은 위험한 반진리라고 불러야 할 것입니다.

그는 그 일로 고소득을 올리지만 자신이 하는 일을 하고 싶지 않은 일로 인정했습니다. 이는 상당히 자멸적인 생활 방식이 아닐 수 없습니다. 불쾌함, 무의미함, 부조리함을 견디는 일은 스스로의 감수성을 둔감하게 하지 않고는 이룰 수 없는 작업입니다.

불쾌한 자극에 둘러싸이면 사람은 오감의 감수성을 애써 둔화시킴으로써 자신을 보호하려고 합니다. 눈에 들어오는 시각이 불편하면 눈을 감고, 귀에 들어오는 청각이 불쾌하면 귀를 막습니다. 악취가 나면 숨을 멈춥니다. 피부에 닿는 것이 불쾌하면 몸을 뻣뻣하게 만들어 가급적 느끼지 않도록 합니다.

만원 전철을 타고 있는 사람들이 전형적인 예죠. 눈을 수중의 스마트폰 화면에 고정하고 귀에 이어폰을 꽂고 몸을 딱딱하게 굳혀 주변 사람에게 가능한 한 닿지 않으려고 합니다. 그것이 외부로부터의 입력을 0으로 만드는 사람의 모습입니다.

외부로부터의 입력을 가능한 한 적게 하는 삶을 기본으로 하면 매우 곤란해집니다. 나를 부르는 소리를 들을 수 없게 되기 때문입니다. 우물에 빠진 아이의 목소리도, 하나님의 목소리도 들리지 않습니다. 그래서 측은지심도

발동하지 않고, 일신교 신앙도 생기지 않고, 천직도 만날 수 없습니다.

이번에도 편지가 너무 길어졌네요. 이 정도로 하겠습니다. 이야기가 중간에 끊긴 건가, 하실 수도 있지만 원래 이런 겁니다. 편지라는 것은 긴 만담과 같아서 중간에 갑자기 이야기가 끝날 수도 있답니다.

하지만 다음 편에서는 길게 뻗어나간 복선 회수를 시도할 예정입니다. 지금쯤 어느 정도 파악하셨겠지만 용기, 정직, 친절 모두 최종적으로는 마음의 귀를 다해 무성의 소리를 듣는다는 무도의 '노이즈론'에 집약됩니다.

잘 하면 다음 편이 마지막 편이 될 것 같습니다. 이야기가 여기저기 걸쳐 있어 마무리를 잘 못 할 수도 있겠습니다만…. 그럼 이만.

2023년 6월 6일

아홉 번째 편지

/

용기라는 말에 반응한 제가
불안했는지도 모릅니다

우치다 선생님

답장 기다리고 있었습니다. 몇 개월간 힘드
셨을 텐데 신경 써주셔서 감사합니다. 서·파·급*의 '급'
에 해당하는 대전개라니 바로 다음 편지를 읽고 싶네요.
편지 이야기가 거론된 시점이 작년 6월이었죠. 1년 후
이런 마무리가 기다리고 있을 줄은 생각도 못 했습니다.
고베에 계신 우치다 선생님을 찾아뵙고 우선은 이야기를

* 옮긴이 주 : 일본 전통 예능인 능악(能樂)에서 쓰이는 3단
계 구성 형식.

241   편지 9

듣고 싶다는 말을 꺼냈던 때를 떠올리면 감개무량합니다.

이제 와 무사태평한 에피소드를 추가하면 방해만 될 뿐이라고 생각해 편지를 처음부터 다시 읽어봤습니다. 그리고 깨달은 게 있습니다. 분명 용기라는 키워드에서 끌어온 에피소드인데 제가 자신으로 돌아간 순간의 기억 뿐이더라고요. 왜 그럴까 되짚어보니 선생님이 저를 이끌어주셨구나 하고 (새삼스럽게) 깨달았습니다.

평소에 잘 열어보지 않는 기억의 저장소에서 다소 무리해서 건져올린, 그 어떤 결말이나 교훈이 없는 에피소드들을 복선처럼 앞으로 전개될 '노이즈론'에 회수시키는 것이 선생님이 제안하신 편지라는 장치였던 겁니다. 그리고 용기에 대해 아무리 고민해도 결론은 나지 않으니까 그보다는 용기라는 말에 반응한 마음과 솔직하게 마주해보라는 메시지를 전달하기 위해서였고요.

왜 용기가 부족하다는 문구에 반응했는지 생각해봤습니다. 그저 불안감에서 발현된 걸 수도 있을 거예요. 눈앞의 일에 대한 불안, 향후 스스로에 대한 불안, 그리고 사회 변화에 대한 불안 말입니다.

코로나로 사람들과 대면할 기회가 적어지는 한편, 미디어에서는 불안을 부추기는 뉴스만 흘러나옵니다(흘러

나오는 것처럼 느껴집니다). 원래 앞날이 어찌 될지 모르는 건 당연함에도 내면의 불안이 팽창하고 있었습니다. 용기에 반응한 것은 그런 제 자신이 투영됐던 거겠죠.

이전까지는 대략적인 이미지를 가지고 편집 일을 했습니다. 하지만 이 편지 작업을 하면서는 전체 그림은 생각하지 않고 바로 다음에 뭘 쓸지에만 집중했습니다. 이런 경험은 처음이었습니다. 단지 개인적으로 선생님의 이야기를 듣고 싶다고 생각한 데서 모든 게 시작됐습니다.

편지를 쓰면서 제 내면을 조금 깊이 캐내려고 노력했던 행위 자체가 용기를 생각하는 것이었습니다.

제가 잘못 짚었다면 죄송합니다. 노이즈론으로 수습해 주셨으면 좋겠습니다.

2023년 6월 12일

아홉 번째 회신

/

마지막으로 용기의 의미를
찾아보도록 하죠

후루타니 님

안녕하세요. 우치다 다쓰루입니다.

일단 이 편지를 마지막 편으로 하려고 합니다. 나중에 또 쓰고 싶은 게 이것저것 떠오를지 모르지만 이러다가 는 영 끝이 나지 않을 것 같습니다. 마지막 편에서는 전 편에서 예고했듯 마음 귀를 맑게 해서 소리 없는 목소리 를 듣는다는 무도 수행 이야기에 관해서 쓰고 싶습니다. 하지만 그것으로부터 어떤 결론에 도달하게 될지는 알 수 없습니다.

쓰다 보면 떠오르겠죠.

이야기가 흐르는 대로 내버려둔다

후루타니 씨가 쓰신 것처럼 저는 어떤 단어가 계기가 돼 생각지도 못한 방향으로 이야기가 전개되는 방식의 글쓰기를 좋아합니다. 학자 시절에는 좀 더 체계적인 글쓰기에 신경 썼지만, 어느 때부터 체계적으로 정리된 것보다 화두를 전전하면서 본질에 다가서는 글을 쓰게 됐습니다. 이런 방식이 쓰는 저에게나 읽는 이에게나 즐거움을 안겨주니까요.

화두가 굴러가는 데는 나름의 필연성이 있습니다. 그러니 그 흐름에 몸을 맡기는 게 좋습니다. 어디로 굴러갈지는 쓰는 저도 모릅니다.

고맙게도 이 나이쯤 되면 학자 출신이라면서 왜 글을 엄격하게 쓰지 못하느냐고 질책하는 사람이 없습니다. 저보다 나이 많은 잔소리꾼이나 또래 학자들은 한 분, 두 분씩 돌아가셨거나 은거에 들어가셨거든요. 간혹 저보다 꽤 젊은 사람들이 불평하는 경우는 있습니다. 개중에는 상당히 혹독하게 비판하지만 고희까지 산 마당에 이제와 반성할 수도 없는 노릇 아닙니까. 무심코 비판에 응해서 생각이나 글쓰기 방식을 바꿔버리자 편집자나 독자로부터 최근 우치다의 글이 이전에 비해 밋밋해져서 재미

없다는 서평이라도 듣는다면, 그땐 제 주장을 또 어디에 펼쳐야 할지 모르게 될 수도 있습니다.

대체로 젊은이들의 비판은 '더 재미있게 쓰라'거나, '더 과격해져라'가 아니라 더 진지해지라거나, 정치적으로 더 올바른 내용을 쓰라거나, 전공 외적인 일에 참견하지 말라고 하는, 일종의 학급 위원 같은 형태이거든요. 그런데 저는 그렇게 할 수 없으니 부디 이해 바랍니다.

그런 요청에 수긍하며 학급 위원 같은 글을 쓰는 건 의미가 없습니다. 그런 종류의 글을 쓸 수 있는 사람은 주위에 얼마든지 있으니까요. 저는 할 수 있다면 저 말고 다른 사람들은 쓰지 않는 것만을 골라서 쓰고 싶습니다. 모처럼 지면 수를 할당 받아서 쓰는 원고이니까요.

생각해보세요. 비판을 받으면 움츠러들어 남들이 말하는 대로 지금까지의 스타일이나 사상 신조를 버리는 줏대 없는 작가가 쓴 글을 읽고 싶으세요? "뭐야, 그동안 그 정도 각오로만 글을 쓴 거야? 한심하네." 하고 생각하지 않을까요?

그러니 아무리 논리 정연하게 이론이나 반론의 여지없이 '당신이 쓰는 것은 안 된다'는 단죄를 받아도 글쓰기 스타일은 고수할 겁니다. 지금까지 이런 글쓰기로 밥벌

이를 해왔으니까요. 작법을 바꾸라고 하면 저로서는 바꾸되 앞으로 제 생계를 통째로 책임지라는 조건을 제시하고 싶습니다. 사실 이 말은 이타미 주조의 에세이에 있던 것입니다. 집에 카메라맨이 와서 사진을 찍는데 이타미 씨에게 모자와 선글라스를 벗어달라고 요구했습니다. 이타미 씨는 '당신이 그리 말한다면 모자를 벗고 선글라스도 벗겠다. 하지만 나는 이런 모습으로 지금까지 살아왔고 또 생계를 꾸려왔다. 당신이 그것을 하지 말라고 한다면 나와 내 가족의 모든 생활을 평생 책임지겠다고 약속부터 했으면 좋겠다.'라고 했답니다.

이타미 씨의 말씀에 무릎을 쳤습니다. '나는 이상한 사람일지 모르지만 이런 식으로 지금까지 그럭저럭 살아왔다. 그것을 하지 말라고 한다면 이 삶의 방식을 멈추는 바람에 내가 일자리를 잃었을 때 평생 한 집안을 돌보겠다는 맹세를 하고 나서 했으면 좋겠다.' 이게 정론(正論)이라고 생각하지 않나요?

그럼 본 주제로 들어가겠습니다. 마지막 편의 주제는 '노이즈'입니다.

지금까지 오랫동안 무도(武道)를 수련하고 제자들을 지도하면서 깨달은 것은, 무도의 요체는 있어야 할 때 있어야 할 자리에 있으며 해야 할 일을 하는 것이라는 말로 귀결된다는 점입니다. 이것을 '기를 보고, 자리를 본다'고 합니다. 다음은 야규 무네노리의 『병법가전서(兵法家伝書)』에 나오는 유명한 구절입니다.

> 사람과의 만남의 장에 필요한 것은 기(타이밍)를 보는 마음이다. 이것이 병법이다.
> 자신이 있어서는 안 되는 곳에 있고, 해서는 안 되는 일을 하고, 말해서는 안 되는 것을 입에 담아 지금까지 많은 사람이 목숨을 잃었다. 실제로 그렇게 하면 '지금은 아니다, 거기는 아니다, 그 일은 아니다'라는 위험 신호가 격렬하게 울리고 있었을 것이다.
> 하지만 그것을 듣지 못한 사람, 들었지만 귀를 막은 사람은 목숨을 위태롭게 하는 상황에 휘말린다. 무도인은 그러한 무용지물인 재앙을 피해야 한다. 장소가 자신을 부를 때 그 소리가 들리는 곳에 가는 일 또한 병법의 마음 없이는 불가능하다.

기(機)는 시간, 자리(座)는 공간입니다. 기를 보는 마음이란 있어야 할 때를 안다는 의미입니다. 그리고 자리를 보는 마음이란 있을 곳을 안다는 의미입니다. 특히 없어도 되는 곳에 오래 머물다 쓸데없는 문제를 일으켜 목숨을 잃을 수도 있다는 것은 깜짝 놀랄 만한 지적이라고 생각합니다.

확실히 그렇습니다. 술자리에서 사소한 다툼, 혹은 말다툼으로 큰 실수를 저지를 수 있습니다. 대부분의 경우 떠나는 게 좋을 타이밍을 놓치고 굳이 있지 않아도 되는 곳에 오래 있었기 때문에 일어나는 일입니다.

옛날 소설에는 어떤 계기로 자리를 뜰 것인가에 대해 고민하는 장면이 자주 나옵니다. 찾아볼 것이 있어서 모리 오가이의 『청년』이라는 작품을 읽고 있는데요. 주인공 청년은 모임에 가거나 사람을 만날 때마다 자리를 뜰 타이밍만 생각합니다. 에도 시대에 태어난 부모 밑에서 자란 청년이라 어렸을 때부터 어떤 자리든 오래 있어서는 안 된다는 가르침을 받아온 탓입니다. 자리를 떠날 때도 주변 사람들이 눈치채지 못하도록 화장실에 가듯 자연스럽게 자리에서 일어나 과장된 인사도 하지 않고 쓱 사라집니다. 처음에는 상당히 정이 없는 사람 같았는데 꼭 그렇지만도 않은 듯싶습니다.

인사를 하면 누군가는 반드시 잡을 텐데 그것을 뿌리치고 자리를 떠나면 인간관계에 능하지 못하다거나 야박하다는 꼬리표가 붙게 되죠. 그래서 아무도 눈치채지 못하게 조용히 자리를 뜨는 겁니다.

그러고 보니 제가 알고 있는 선배들은 다 그랬습니다. 즐겁게 술잔을 주고받다가도 제가 다른 사람과 대화하느라 정신이 팔린 사이에 사라지고 없습니다. '어, 이야기를 좀 더 하고 싶었는데…' 하는 아쉬움을 자리에 남기고 떠나버리는 겁니다. 분명 옛날 사람들은 그런 자세를 가풍의 일부로 익히고 있었을 겁니다.

있어야 할 때 있어야 할 장소에 있다는 것은 어떻게 감지하면 좋을까요. 그것이 무도의 기술적 과제입니다. 있어야 할 때나 있어야 할 장소는 미리 정해져 있는 것이 아닙니다. 스스로 느낄 수밖에 없습니다. 지금이 있어야 할 때고 여기가 있어야 할 곳이라는 정확한 지시가 내려오는 게 아니고 일종의 경계 신호가 울리기 때문입니다. 이 경계 신호를 저는 '경보'라고 부르거나 '노이즈'라고 부릅니다. 있어서는 안 될 때 있어서는 안 될 곳에 있고, 해서는 안 될 일을 하면 피부에서 반응이 일어나는 거죠.

이 능력은 정도의 차이는 있지만 대부분의 사람에게 생득적으로 갖춰져 있습니다. 그 생득적인 자질을 꼼꼼하게 연마하면 노이즈 감지 능력이 높아집니다. 반대로 경보가 울리더라도 무시하는 일을 반복하면 노이즈 감지 능력이 둔해지다가 급기야 사라집니다.

오카모토 기하치 감독의 「독립우연대」라는 통쾌한 전쟁 영화가 있습니다. 주인공 오쿠보 중사는 역전의 용사이지만, 사정이 있어서 신문 기자라고 신분을 속이고 호쿠지(北支)의 황야를 혼자 여행합니다. 아군 부대를 만나 잠시 길을 함께할 때 그 부대의 하사관이 국민군, 팔로군, 마적까지 왕래하는 위험한 곳을 혼자 잘도 여행하는구나, 하는 의아한 얼굴로 묻습니다. 그러자 오쿠보 중사는 "위험한 일이 닥치면 손바닥이 근질근질해져요. 그럼 뒤도 안 돌아보고 도망가요." 하며 너털웃음을 터뜨립니다.

「독립우연대」는 1959년 작품입니다. 종전된 지 14년밖에 되지 않은 시기였고, 제작자나 배우들도 대부분 군대 경험자였습니다. 그래서 이야기 자체는 황당무계하지만 군대 생활의 디테일 부분에서는 사실주의가 느껴집니다. 위험한 곳에 다가가면 경보가 울리는 특이한 능력을 갖춘 군인이 있다는 건 그들에게 황당한 이야기가 아니었을 것입니다. 그래서 오쿠보 중사의 손바닥이 근질근질해진다는 설정도 그런 녀석이 있었다는 소리를 얼마든지 들을 수 있었기에 시나리오에 채택된 것으로 생각합니다.

저는 이런 얘기를 참 좋아합니다. 그러니 좀 더 해볼게요. 꽤 오래전 일인데요. 한 대학의 간호학부 선생님 및 간호사들과 '간호'를 주제로 대담을 한 적이 있었습니다. 저는 그때 의사는 자연 과학자이지만 간호사는 마녀의 계보를 잇는 주술적인 의료인이며, 이 두 가지 의료 원리가 서로 맞물리는 점이 근대 의료계의 묘미라는 이야기를 했습니다. 한 간호사님이 그 이야기가 마음에 들었는지, 실은 간호사 중에도 이런저런 특수한 능력을 가진 사람이 있다며 그곳에서만 들을 수 있는 이야기를 들려줬습니다.

그 간호사는 죽음이 가까워진 사람 곁에 가면 시취를 맡는 능력이 있었습니다. 야근하면서 병실을 돌다가 병실 문을 열었을 때 시취가 나면 이 환자는 다음 날 아침까지 버티지 못한다는 것을 아는 거죠. 동료 중에 비슷한 능력이 있는 간호사가 있는데, 그 간호사는 죽음이 가까워진 사람 곁에 가면 종소리가 난다고 합니다. 하지만 두 사람이 그런 말을 해도 의사들은 웃기만 할 뿐 상대해주지 않았다고 합니다.

그러던 어느 날 부근에서 큰 사고가 나서 구급차로 중상자가 계속 실려오는 일이 있었다고 합니다. 이 경우 의료 자원은 유한하므로 살아날 가능성이 있는 환자부터 돕는 치료 우선 선별 작업을 해야 합니다. 아수라장이 된 응급 병동에서 의사들이 두 간호사를 향해 "이 환자 시취가 나?" 혹은 "이 환자 종소리가 나?"라고 물었답니다.

사람이 죽어가고 있으므로 당연히 나름의 생리학적인 변화는 생기게 마련이죠. 단, 그것이 극히 미세한 정보이기 때문에 체온계나 혈압계 같은 통상적인 계측 기기로는 감지할 수 없는 겁니다. 그런데 그 미세한 정보를 감지할 수 있는 사람이 가끔 있습니다. 그렇다고 초능력이라고 부를 정도는 아닙니다. 기성의 계측 기기로 감지할 수 없는 감각 입력을 감지할 수 있는 민감한 감수성을 가진 겁니다. 이는 계측 기기의 감도라고 하는 극히 아날로그적인 차이의 문제입니다. 아마 옛날 사람들은 여러 가지 놀이를 통해 아이들에게 이런 유형의 감수성을 연마하기 위한 훈련을 시켰을 겁니다.

손수건 돌리기와 숨바꼭질

10여 년 전 일인데요. 제 합기도 제자가 어린이 합기도 교실을 열었습니다. 어린아이들이므로 질리지 않도록 여러 가지 놀이를 섞어 수련해야겠다며 뭔가 좋은 놀이가 없는지 저에게 물었습니다. 저는 잠시 고민하다가 손수건 돌리기를 제안했습니다.

최근에는 손수건 돌리기를 하는 사람이 별로 없으니 간단히 설명해보겠습니다. 우선 아이들을 안쪽을 향해 둥글게 앉힙니다. 술래가 둥글게 앉은 아이들의 바깥쪽을 돌다가 누군가의 뒤에 손수건을 떨어뜨립니다. 그런 다음 그 아이가 모르게 한 바퀴 돌고 아이를 터치합니다. 손수건이 떨어진 걸 알게 된 아이가 술래를 쫓아와서 잡기 전에 아이가 앉아 있던 자리로 돌아가면 됩니다. 술래가 잡히면 또다시 술래를 하는 거고, 자리에 잘 안착하면 해당 자리에 있던 아이가 새로운 술래가 됩니다.

손수건은 떨어뜨려도 소리가 나지 않고, 떨어뜨린 후에도 술래가 손안에 손수건을 쥐고 있는 척하므로, 자신의 뒤에 손수건이 떨어져도 그에 대한 시각이나 청각 정보가 없습니다. 하지만 감이 좋은 아이는 손수건이 땅에 떨어지기 전에 일어나 술래를 쫓기 시작합니다.

아이는 도대체 무엇을 감지한 걸까요? 아마 술래 마음에 싹튼 '순간의 악의' 같은 것을 감지했을 겁니다. 순간의 악의는 미세한 발걸음, 숨결이나 체취의 변화로 나타납니다. 이것은 어린아이가 위험한 환경에서 살아남는데 매우 중요한 능력이라고 생각합니다. 태곳적 인간의 생활권에는 여러 가지 위험이 도사리고 있었습니다. 다른 부족, 혹은 야생 동물과 우연히 맞닥뜨렸을 때 그들에 맞서 싸워서 이길 가능성이 아이에게는 없습니다. 맞닥뜨리고 나서 도망치면 이미 늦습니다. 하지만 위험한 존재를 만나기 훨씬 전에 이대로 이쪽을 향해 계속 걸으면 왠지 나쁜 일이 일어날 것 같은 느낌이 드는 경보가 울리면 이야기는 달라집니다. 걸음을 멈추고 방향을 전환하면 위험에 직면하지 않아도 됩니다. 따라서 아이에게 어른을 쓰러뜨릴 수 있는 전투 능력이나 사자보다 빨리 달리는 주력(走力)보다, 나쁜 일이 일어날 전조를 느끼는 능력을 키워주는 게 훨씬 효율적입니다.

숨바꼭질도 마찬가지입니다. 아무것도 보이지도 들리지도 않지만 거기에 뭔가 숨어 있다는 것을 알 수 있죠. 즉, 그런 낌새를 채는 거죠. 사기(邪氣)나 살기를 느낄 수 있는 능력은 체력적으로 약한 개체가 살아남는 데 필수입니다. 그래서 인류는 그런 감수성을 아득한 옛날부터 다양한 방법으로 길러왔을 것으로 생각합니다. 최근까지도 말입니다. 손수건 돌리기나 숨바꼭질은 제 어린 시절—1950년대—까지는 아이들에게 친숙한 놀이였으니까요.

하지만 어느 순간부터 아이들이 놀이를 통해 위험한 것의 접근을 느끼면 소름이 돋는 능력을 익히는 일을 학교에서도 가정에서도 신경 쓰지 않게 됐습니다. 물론 그만큼 사회에서 위험한 요소가 적어졌기 때문이겠죠. 그 자체는 반가워해야 할 일이지만, 그렇다고 해서 이 능력을 키우는 훈련을 완전히 멈춰도 괜찮은 걸까요?

문명사회에서도 다양한 부족과 야수들은 모습을 바꿔가며 세력을 떨치고 있습니다. 예를 들어, SNS에서의 사려나 분별이 없는 댓글 때문에 자살하는 사람이 적지 않습니다. 이는 현대 사회에서도 '저주의 말'에 사람의 목숨을 앗아갈 만한 힘이 있음을 보여줍니다. 주술 살인이란 전근대의 것으로, 이제 그런 비과학적인 것은 사라졌다고 생각하는 사람이 많을지 모르겠습니다만 그럴 리가요. 지금도 저주는 충분히 유효합니다. 그래서 타인에게 저주의 말을 던지는 사람은 대부분 익명을 선택합니다.

저주가 상대방에게 제대로 닿지 않으면 그것이 발신자에게 돌아온다는 것을 알고 있기 때문입니다. 그것을 피하려고 발신자명을 밝히지 않습니다.

그래서 저는 SNS라는 황야를 걸을 때 태고와 마찬가지로 이쪽으로 가면 뭔가 나쁜 일이 생길 것 같은 느낌이 들면 걸음을 멈추고 방향을 살짝 전환하는 태도를 취하고 있습니다. 화면에 늘어선 문구를 멀리서 한번 보는 것만으로도 읽으면 안 된다는 걸 알 수 있습니다. 이 세상에는 읽으면 영혼이 더러워지거나 생명력이 줄어드는 텍스트가 존재합니다. 아니, 이렇게 말하는 것이 더 정확할 겁니다. 세상은 그런 것들을 만들어내는 기술자들로 넘쳐난다고 말입니다. 그런 것에는 가능한 한 가까이 가지 않는 게 상책입니다. 저는 그것을 멀리서 감지해 경보가 울릴 수 있도록 설정해둡니다.

작은 노이즈에도 경보는 울린다

무도는 현대 사회에 남아 있는 몇 안 되는 신체 감수성을 기르는 체계적인 훈련법입니다. 자신이 있어야 할 때 있어야 할 장소에 있는 한 노이즈가 생기지 않고 경보가 울리지 않습니다. 손바닥이 근질근질할 일도 없습니다.

하지만 있지 말아야 할 때 있지 말아야 할 곳에서 하지 말아야 할 일을 하면 노이즈가 들리고 경보가 울립니다. 피부가 가렵고 위가 쪼그라들고 소름이 돋습니다. 그 징후를 감지하면 일단 바로 그 자리를 떠납니다. 그러면 오래 머물다 말다툼에 휘말려 굳이 당하지 않아도 될 화를 피할 수 있습니다. 뿐만 아니라 시퍼런 칼날이 내려앉는 바로 밑에 있거나 누군가의 주먹이 안면을 향해 다가오는 곳에 있지 않으면 나쁜 일은 일어나지 않습니다. 상대가 아무리 빠른 속도와 강한 힘으로 칼을 휘두르건, 상대의 주먹이 날아오건 상관없이 그때 그 자리에 없으면 아무 일도 일어나지 않습니다. 이론상으로는 그렇습니다.

약간의 노이즈 입력으로 즉시 경보가 울리도록 설정을 높여두면 있어서는 안 될 때와 장소에 있을 위험을 낮출 수 있습니다. 무도가 함양하는 신체 능력이라는 것은 따지고 보면 그런 것입니다. 그 능력이 높으면 평생 어떤 위험도 만나지 않게 됩니다. 이른바 천하무적이라 할 수 있습니다. 천하 어디에도 적이 없으니 싸울 필요도, 이길 필요도 없는 것이죠.

우리가 지향하는 무도가의 모습이 바로 그러합니다. 무

도가는 끊임없이 적과 만나서 그때마다 이기는 것을 목표로 하지 않습니다. 그런 일은 불가능하니까요. 누구나 컨디션이 나쁠 때가 있고, 자고 있거나 목욕하고 있을 때 습격을 당하면 어쩔 수 없습니다. 게다가 나이가 들면서 다리와 허리 등이 말을 듣지 않게 되고요.

천하무적인 사람은 몸 상태가 안 좋을 때는 무조건 안전한 곳에서 몸을 돌보고, 잘 때도 무조건 안전한 곳에서 자고, 목욕할 때도 무조건 안전이 보장된 곳에서 목욕을 합니다. 그러다 나이가 들어서 냉큼 은거해버리면 마침내 강약, 승패, 교졸(巧拙)을 겨루는 일과 무관하게 지내는 목표를 달성할 수 있습니다. 그것이 우리가 하는 수행의 목적입니다.

어떤 식으로 수련하는지 조금만 설명해드릴게요.

합기도와 같은 맨손으로 하는 무도라고 하면 상대에게 팔이나 어깨를 잡히는 상황에서 벗어나기 위해서는 '어떻게 하면 좋을까'와 같은 기술적 과제를 떠올리게 됩니다. 하지만 무도적으로 말하면 상대에게 팔이나 어깨를 잡힌다는 것은 이미 상대가 나를 찌르고 벤 상태이므로 사실은 그런 자세가 되면 안 됩니다. 그렇게 되기 전에 다른 데로 이동해야 합니다. 그것이 앞서 언급한 기를 보고 자리를 보는 마음입니다.

일단 무도 수련은 사전 회피 행동을 할 수 없고 이미 경보가 상당히 심하게 울리고 있는 상태에서 시작합니다. 일부러 불안이나 공포심으로 심신 수행 능력이 저하되는 상황을 설정하고, 그 상황에서 노이즈를 끄기 위한 몸과 마음의 사용법을 수련합니다.

흔히 액션 영화에서 악당이 아수라장의 한복판에 뛰어든 주인공을 향해 "너는 있어서는 안 될 때 있어서는 안 될 곳에 있었어."라고 하죠. 그런데 액션 영화의 주인공들은 있어서는 안 될 때 있어서는 안 될 곳에 있기 때문에 영웅적 행동을 할 수밖에 없습니다. 다만, 매번 그것이 가능한 이유는 사실 그에게 경보가 제대로 울리고 있기 때문입니다. 요란한 소리로 거기 가면 안 된다고 경보가 경고하는데, 그 소리를 들으면 그만 그쪽으로 끌려가고 만다는 인과적인 기질이 그들을 영화적 영웅으로 보이게 하는 것이죠.

우리가 하는 것은 물론 영웅이 되기 위한 수련이 아니라 있어서는 안 될 때와 장소를 어떻게 피할 것인가를 위한 능력 개발입니다. 다시 말해, 경보를 놓치지 않고 청취해 요란한 노이즈가 최소화되는 동선을 찾아서 움직일 수 있도록 하는 수련을 하고 있습니다.

그렇다고 '이렇게 잡히면 이렇게 몸을 뺀다, 이렇게 베이면 이렇게 몸을 돌려 비킨다' 같은 순서가 정해져 있어서 그 순서를 기억하는 것은 아닙니다. 우리가 마주치는 위험한 상황이라는 게 이론적으로는 무한하거든요. 팔이 잡히는 것만 해도 어떤 각도에서, 어떤 세기로, 어떤 종류의 힘이 가해지는지 등 실로 변화무쌍합니다.

그래서 신체 동작을 하나 외우면 그걸로 끝이라고 할 수 없습니다. 순서를 외우는 것이 아니라 어떤 식으로 몸과 마음을 사용하면 경보가 진정되고 노이즈가 사라지는지를 연구하는 것입니다.

흔히 「인디아나 존스」 같은 액션 영화에서 동굴 벽이 와르르 무너져 내릴 때 "이쪽이야!" 하면서 사람들을 이끌고 험지를 탈출하는 사람이 있죠(보통 주인공이 그렇습니다). 그게 실은 영웅의 조건이거든요. 알고 있을 리 만무할 텐데 이쪽으로 도망치면 안전하다면서 모두를 이끕니다.

무슨 주인공을 편애하는 시나리오라고 눈살을 찌푸리는 사람이 있을지도 모르겠습니다만, 꼭 그렇지만도 않습니다. 영웅이 이상하리만치 험지를 탈출하는 길을 잘 아는 게 아니라, 어떻게 해야 할지 모를 때 어떻게 해야 할지 아는 사람인 것입니다. 그리고 그것이 모험담에서 주인공이 되기 위한 조건입니다.

동물 중에서는 말이 그렇습니다. 저는 몇 년 전부터 가끔 신슈(信州)* 까지 가서 승마 연습을 하고 있습니다. 그때 강사분들로부터 말의 습성에 관한 이야기를 들었습니다. 알다시피 말은 겁이 매우 많은 생명체입니다. 그래서 늘 위험한 일이 있을 때 누구를 따라 도망치면 좋을까만 생각합니다. 말 무리에는 무슨 일이 있으면(야수가 덮친다든가, 산불이 난다든가) 확신을 가지고 도망갈 길을 지시하는 개체가 있습니다. 그러면 다른 말들은 일제히 그 말을 따릅니다. 인간이 말 위에 타고 있을 때는 기수가 확신을 하고 도망갈 길을 지시하면 말들은 기수를 따릅니다. 말 무리의 우두머리는 어떻게 해야 할지 모를 때 어떻게 해야 할지 아는 능력을 갖추고 있습니다. 즉, 어느 방향으로 향하면 노이즈가 사라지는지 피부 감각으로 알 수 있는 능력을 갖추고 있습니다. 이는 피부의 감도와 같은 것이기 때문에 개체마다 정교함의 편차가 있습니다. 소질의 차이가 있는 거죠. 그리고 이런 능력은 앞서 언급한 액션

* 옮긴이 주: 나가노현.

영화의 영웅이 도망치는 타이밍이나 루트를 아는 능력과 일맥상통합니다.

자질의 차이는 있지만 무도 수련은 그러한 능력을 선택적으로 개발하기 위해 체계화돼 있습니다. 그러니까 누구라도 긴 세월에 걸쳐 수련하면 어떻게 하면 좋을지 모를 때 어떻게 하면 좋을지 알게 되는 능력을 기를 수 있습니다. 우선 이 이치만 알면 공포심이 솟거나 몸이 딱딱하게 굳거나 한곳에 주저앉아 꼼짝 못 하는 일을 절대 해서는 안 된다는 것을 알 수 있게 됩니다.

경보를 꺼두는 아이들

보통은 위기 상황에 빠지면 눈을 감고 귀를 막고 몸이 얼어붙어 그 자리에 주저앉게 됩니다. 무도적으로 절대 해서는 안 될 일만 골라서 하는 거죠. 그것은 어렸을 때부터 계속 그렇게 하라고 가르쳐왔기 때문입니다.

일본 아이들은 어릴 때부터 신체 감수성을 둔감하게 하는 훈련을 받고 있습니다. 경보가 울리면 경보를 끄도록 배우고 있습니다. 노이즈로 몸이 간질간질하면 느끼지 않도록 몸을 경직시키라는 가르침을 받습니다. 이는 진심으로 생존을 위협하는 일입니다.

요즘 아이들은 대부분 시각 정보에 의존해 외부 정보를 취합니다. 청각 정보가 일부를 보충하긴 하지만, 그 이외의 감각은 일단 사용하지 않습니다. 전철 안에서 스마트폰 화면을 보고 귀에 이어폰을 꽂고 있는 젊은 사람을 보면 알 수 있습니다. 그들은 후각과 촉각도 꺼져 있습니다. 어떻게 보면 당연한 일입니다. 후각을 예민하게 하든, 촉각을 예민하게 하든 도시 생활에서는 좋을 게 없습니다. 후각을 예민하게 하면 역겨운 냄새가 들어오고, 피부 감각을 예민하게 하면 몸에 닿는 불쾌한 접촉을 감지할 뿐이니까요.

그런데 그런 생활을 지속하면 외부 세계의 정보를 채택할 때 시각이 우위에 서게 됩니다. 시각만으로 외부 세계와 관계를 맺는 것은 대상과 거리를 두는 점에서는 매우 편리합니다. 눈에는 눈꺼풀이라는 게 있으므로 그것만 닫으면 감각 입력을 차단할 수 있습니다. 하지만 귀에는 귀꺼풀이 없고, 코에는 코꺼풀이 없습니다. 당연히 피부에는 피부꺼풀 따위 없습니다. 그래서 마음에 들지 않는다는 이유로 청각, 후각, 촉각 입력을 순식간에 완전히 차단할 수 없습니다.

환경에 불쾌한 요소가 많은 탓에 오감이 예민하면 득될 게 없다는 기본 전제로 살다 보면 일단 눈에 보이는 것만 현실로 인식하게 됩니다. 보고 싶지 않을 때는 보지 않아도 되는 매우 편리한 감각이기 때문입니다. 하지만 시각에 지나치게 의존하는 것은 생존에 있어 상당히 위험한 선택입니다.

앞서 손수건 돌리기와 숨바꼭질에 대해 썼는데요. 우리를 기다리고 있는 위험한 일은 종종 시각과 청각으로도 감지되지 않습니다. 그런 것은 말 그대로 낌새로 감지할 수밖에 없습니다. 하지만 일상에서 시각 위주로 살다 보면 기척을 감지할 수 없게 됩니다. 아니, 기척이라는 단어의 의미조차 알 수 없게 됩니다. "기척이 뭐야? 너 그런 게 느껴져? 초능력자야?" 하고 비웃음을 살 수도 있습니다.

그런데 그런 것은 느껴집니다. 다만, 물리적인 기기에 유의미한 차이를 수치로 표시할 수 없을 뿐입니다. 초보자를 가르치다 보면 그들이 기(技)를 쓸 때 자신의 눈에 보이는 범위에서 끝내려는 경향이 있음을 알게 됩니다. 자기 눈에 보이는 범위라고 해봐야 고작 위아래로는 무릎에서 이마 정도, 좌우로는 양팔을 120도 정도 벌린 범위입니다. 초보자 대부분은 그 범위 내에서 자신이 조작할 수 있는 수의근만을 사용해 기를 씁니다. 그래서야 조금이라도 기가 될까요? 전혀 기가 되지 않습니다.

당연합니다. 눈에 보이는 범위에서 뇌의 지령으로 움직이는 운동 근육만 써서는 무도의 기가 이루어질 리 없습니다. 전신을 동시에 움직이지 않으면 기가 되지 않습니다. 눈에 보이지 않고 뇌가 존재를 인지하지 못하는 부위가 쓰여야 기가 됩니다.

애당초 조작하는 뇌와 조작되는 신체라는 심신 이원론적인 표현으로는 무도가 성립하지 않습니다. 무슨 일이 있을 때마다 말단에서 중추로 '지금 현장에서 이런 일이 일어나고 있는데요. 앞으로 어떻게 하면 좋을까요?'라는 보고 메시지가 보내져 머리가 그 정보를 판단하고 운동 근육에게 '이렇게 움직여라' 같은 지령을 내리는, 즉 품이 많이 가는 일을 하고 있으면 기를 보는 일은 할 수 없습니다. 눈 깜짝할 사이에 죽고 말죠.

현장에서는 순간적인 판단으로 최적의 답을 선택해야 합니다. 그리고 그 움직임에 전신이 유기적으로 연동돼야 합니다. 그러기 위해서는 우리 몸이 촉각적으로 외부 세계를 인지하고 움직여야 합니다. 뭔가 대단한 소리처럼 들리지만 어렵지 않습니다. 한마디로, 피부로 느끼고

266

움직이는 겁니다. 우리의 피부는 하나로 연결 돼 있기 때문입니다.

피부는 머리 꼭대기에서 발바닥까지 연결돼 있습니다. 어딘가의 피부가 감지한 것을 전신의 피부가 동시에 감지합니다. 어딘가의 피부가 움직이면 전신의 피부가 움직입니다. 그래서 촉각적으로 세상을 인식하고 세상에 말을 거는 틀이 가장 효율적인 겁니다.

발생학적으로 촉각은 오감 중 가장 오래된 것입니다. 원생동물도 촉각이 있습니다. 촉각 정보만으로 먹이가 있으면 다가가고 포식자가 있으면 도망갑니다. 하물며 짚신벌레도 그 정도는 할 수 있는데 인간이 못할 리가 없죠. 다만 현대인은 태곳적 능력의 개발을 게을리하는 것뿐입니다.

마음 귀를 다해 소리 없는 소리를 듣는다

도장에서는 마음 귀를 다해 소리 없는 소리를 듣는다는 말을 제자들에게 자주 합니다. 이 말은 다다 히로시 선생님으로부터 들은 것입니다. 아마도 선어(禪語)인 듯하나 출처는 모릅니다. 그런데 실감으로는 알 수 있습니다. 청각 이외의 감각으로 듣는다는 의미이죠.

그럴 리 없다고 생각하는 분들이 있을지도 모르겠는데요. 오감을 디지털로 파악하고 있기 때문입니다. 하지만 감각이라는 것은 아날로그 연속체입니다.

실제로 '듣다'라는 동사는 청각에만 국한되지 않습니다. '꽃향기를 듣다'라는 표현은 옛글에 많이 나옵니다. 중세 사람만 해도 꽃향기를 들었던 겁니다. 술이 잘 익었는지 아닌지를 혀로 판별하는 것도 '술을 듣는다'라고 합니다. 전근대까지 청각, 후각, 미각은 칼로 자른 듯 분절되지 않는 연속적인 것이었습니다.

시각은 빛의 에너지가 망막 위의 감각 세포를 자극함으로써 생깁니다. 청각은 공기의 진동이 고막을 자극하면서 생깁니다. 후각은 콧구멍 속의, 미각은 혀의 수용체가 화학 물질을 감지해서 생깁니다. 모두 외부 세계에서 도래해 몸에 닿는 것에 감응하는 것들입니다.

그래서 제 해석으로는, 마음 귀를 다한다는 것은 빛의 에너지나 공기의 진동에 반응할 뿐만 아니라 코와 혀의 수용체, 피부에 산재하는 압각, 통각, 온각, 냉각의 수용 세포, 더 나아가 체축(体軸)의 기울기, 중심의 위치, 정중선의 방향, 내장의 배치 등의 감각 정보를 하나로 연결된 것으로서 수신한다는 것입니다. 그렇게 감각 정보를 하나도 빠뜨리지 않고 입력하는 개방적인 자세를 마음 귀를 다한다는 한마디에 담고 있는 것이죠. 이 전방위적으로 개방적인 자세로 공간에 감도는 여러 가지 신호를 청취합니다. 그리고 과연 자신이 지금 있어야 할 때와 장소에 있는지를 가늠합니다.

제가 수련을 하는 노가쿠(能楽)*에서도 이것을 실감할 수 있습니다. 이미 여러 번 써온 이야기인데요. 노가쿠의 무대는 앞쪽의 기준 기둥이 '양극(陽極)', 반대쪽에 뚫려 있는 뒤쪽의 출입문이 '음극'이라는 양극으로 구조화돼 있습니다. 거기에 하야시 가타(囃子方)** 등이 나란히 자리하며 고유한 방식으로 신호를 보냅니다.

'시테***'로서 무대에 서면 무대가 무수한 신호가 오가는 공간임을 피부 감각으로 실감할 수 있습니다. 시테는 오가는 무수한 신호를 읽고, 있을 때 있어야 할 곳을 찾

---

*   편집자 주 : 일본 전통 가극.
**   옮긴이 주 : 노가쿠에서 하야시(박자를 맞추며 흥을 돋우기 위해서 반주하는 음악으로 피리·북·징 등을 사용함)를 연주하는 역할.
*** 편집자 주 : 일본 전통 가극인 '노'의 주인공.

아 거기서 정해진 동작을 펼칩니다. 무대 자체에 시테에 대한 지시가 있는 것입니다. 무대에는 저쪽으로 가라는 지시가 있고, 여기서 멈추라는 지시가 있고, 여기서 이 동작을 하라는 지시가 있습니다. 그 외에는 있을 수 없다는 시간적·공간적인 한 점이 있고, 그 자리에 선 이상 그 외에는 있을 수 없는 동작이 있습니다. 이 필연성이 노가쿠에 있어서 동작의 '미'를 구성합니다.

물론 이것은 저만의 한정된 경험에 근거한 개인적인 의견에 불과합니다만, 제가 그런 방식으로 노가쿠에 대해 이야기했을 때 지금까지 노가쿠의 현인들로부터 아니라고 부정당한 적이 없습니다. 그래서 이 표현이 능악사들의 실감과 가까울 것 같다는 겁니다.

시테는 서구적인 연극의 등장인물이 아닙니다. 연기를 하는 것이 아니기 때문입니다. 물론 자기표현을 하는 것도 아닙니다. 시테는 무대 위에 서야 할 곳에 서서 노래할 사장(詞章)을 노래하고 해야 할 동작을 하는 것뿐입니다.

일단 그것이 가능하면 시테가 기술적으로 잘하건 못하건 상관없이 노가쿠는 성립합니다. 능악사에게는 기를 보고 자리를 보는 태도만이 요구됩니다. 그렇기 때문에 노가쿠는 오랫동안 무사의 악극이었고, 야규 무네노리,

마쓰라 기요시, 마에다 나리야스를 비롯한 많은 무인이 노가쿠를 즐기고 논하며 노가쿠의 술어로 무도를 말해왔다고 생각합니다.

다들 무엇을 무서워하는 걸까요?

이제 흩어진 이야기를 한곳에 모으도록 하겠습니다.

이 편지는 용기라는 말을 계기로 시작됐습니다. 그리고 용기, 정직, 친절이라는 덕목을 오랫동안 되돌아보지 못한 것이 현대 사회의 문제가 아닌가, 하는 가설을 세우고, 그것을 여러 가지 논점을 둘러싸고 검증해봤습니다. 과연 이 가설은 기초 공사 역할을 했을까요? 그다지 체계적인 기초는 세우지 못했지만 제가 말하고 싶은 부분은 대체로 이해해주셨으리라 생각합니다.

마지막 회신에서는 마음 귀를 다해 소리 없는 소리를 듣는다는 말을 오롯이 무도적인 관점에서 해석해봤습니다. 그것이 용기, 정직, 친절과 어떤 관련이 있는지 일별하고 슬슬 긴 이야기를 마무리하도록 하겠습니다.

용기란 고립을 견디기 위해 필수적인 자질입니다. 이 말은 반복해서 썼습니다. 현대 사회는 과잉된 동조 압력

271

으로 말미암아 고립되는 것을 극단적으로 꺼리고 있습니다. 저는 70년 이상 일본 사회에서 살고 있는데요. 사람들이 이 정도로 고립되는 것을 두려워하는 시대는 처음 목격합니다. 거의 병적인 수준이에요.

다수파에 섞여서 누구나 할 법한 정형화된 문구(상투어)를 익명으로 보내고, 누구나 할 법한 행동을 하고, 개체가 식별되지 않는 것을 최우선시하며 사는 사람들이 무리를 이루고 있습니다. 많은 사람이 '그 누구도 아닌 사람(Nobody)'이 되기 위해 노력하고 있습니다. 물론 그것이 그들 나름의 생존 전략일 수 있습니다.

초식 동물에게는 다수파에 섞여 들어가는 것이 육식 동물의 먹잇감이 되지 않는 가장 확실한 삶의 방식입니다. 육식 동물이 한 마리를 덮치는 동안 나머지 무리는 도망칠 수 있습니다. 100마리 집단에 속하면 잡아먹힐 위험은 1%가 되고, 1000마리 집단에 속하면 0.1%가 됩니다. 아마 현대인들은 스스로를 육식 동물에게 잡아먹히는 것을 두려워하며 살아가는 초식 동물과 같은 존재로 규정하고 있을지도 모릅니다.

하지만 이와 같은 자기 규정은 비정상적입니다. 왜냐하면 우리가 사바나에 사는 것도 아니고, 일반 시민들이 톰슨가젤이나 얼룩말도 아니고, 갑자기 달려들어 잡아먹는 사자나 치타도 없기 때문입니다.

물론 비유적인 의미에서 죽임을 당하는 일은 있을 수 있습니다. 실직한다든가, 체면이 구겨진다든가, 누구도 상대를 해주지 않는 것 같은 일이요. 그렇지만 진짜로 죽는 건 아니잖습니까.

먹느냐 먹히느냐, 성장이냐 죽음이냐, 몇 번 죽어도 갚을 길이 없을 만큼 죄가 무겁다 같은 말투가 남용되고 있지만 이들은 모두 비유일 뿐입니다. 시장에서의 점유율 싸움은 제로섬이고, 성장이 정체돼서 돈을 못 버는 기업이 있을 것이고, 다른 사람을 엄청 화나게 할 수 있으나 그로 인해 생명에 위협을 당하지는 않습니다.

저는 이런 과도한 말을 상당히 위험한 것으로 간주합니다. 그래서 이런 말을 가볍게 하는 사람을 믿지 않습니다. 그도 그럴 것이 이런 말은 모두에게 공포감을 주기 위해 선택된 것이기 때문입니다. 공포감을 불러일으키고, 사고 정지를 조장하고, 목소리 큰 사람을 따르도록 만들기 위해, 즉 사자의 표적이 되는 얼룩말의 마음에 상상적으로 동조하도록 만들기 위해 정치적으로 선택된 말인 겁니다.

제 친구이자 전쟁사·분쟁사 연구가인 야마자키 마사
히로 씨는 현대 일본이 1930년대 제국주의 시대, 즉 전쟁
전으로 회귀하고 있다는 논의를 펼치고 있습니다. 만주
사변 이후 특히 1935년의 천황 기관설 사건이나 국체 명
징 운동 이후 일본 사회의 비정상적인 동조 압력 및 다른
의견을 원천 봉쇄한 분위기와 현대 일본의 분위기 사이
에 공통점이 있다는 것을 여러 구체적인 예를 들어 논하
고 있습니다.

저는 야마자키 씨의 주장에 거의 전적으로 찬성합니다
만, 그래도 한 가지 마음에 걸리는 것이 있습니다. 바로
1930년대에는 치안 유지법, 헌병대, 특별 고등 경찰이 존
재했으나 지금은 폭력적인 시스템이 존재하지 않는다는
점입니다. 폭력적인 장치가 존재하지 않음에도 불구하고
당시와 같은 동조 압력이 존재하고 있습니다. 사자가 없
는 사바나에서 포식자에게 겁을 먹고 있는 얼룩말 같은
행동을 보이는 겁니다.

1930년대 일본 사회에서는 정치인이든 언론인이든 학
자든 권력에 항거하는 사람은 대부분 체포돼서 고문당하
고 옥사할 위험을 각오해야 했습니다. 권력에 항거하는
이는 시민적 자유와 사회적 지위뿐 아니라 생명까지 잃

을 위험을 감수해야 했던 겁니다. 그럼에도 불구하고 반권력 싸움에 몸을 던지는 사람들이 적잖이 존재했습니다.

지금은 치안 유지법, 헌병대, 특별 고등 경찰이 없습니다. 헌법 11조는 기본적 인권을 침범할 수 없는 영구적 권리라 하고, 헌법 36조는 공무원에 의한 고문 및 잔혹한 형벌을 절대 금지하고 있습니다. 아시다시피 자민당 개헌안에서 36조는 '공무원에 의한 고문 및 잔혹한 형벌은 이를 금지한다'로 법이 개정돼 '절대'가 삭제돼 있습니다. 아마도 '공공의 질서, 공익을 지키기 위해서만 빼고'라는 해석의 여지를 남기기 때문일 것입니다. 하지만 일단은 현재 자민당 개헌안에 국민의 과반수가 찬동할 때까지 우리는 헌법에 따라 폭넓은 시민적 자유를 보장 받고 있습니다.

그런데 시민적 자유를 법적으로 보장 받는 현대 일본에서 1930년대와 다를 바 없는 동조 압력이 작용하고 있습니다. 이는 현대 일본의 동조 압력이 1930년대보다 더 강하다는 것을 의미합니다. 동조에 항거하는 이를 처벌할 법적 근거나 정부 기관이 존재하지 않는데도 불구하고 처벌 받는 것에 대한 두려움만은 사실적으로 작동하고 있기 때문입니다.

판옵티콘이라는 감옥 장치에 대해서 알고 계실 겁니다. 판옵티콘은 영국의 철학자 벤담이 발명한 일망 감시 장치를 말합니다. 미셸 푸코가 『감시와 처벌 - 감옥의 탄생』에서 그 악마적인 장치를 분석하면서 널리 알려지게 됐습니다. 사실 벤담은 판옵티콘을 감옥의 근대화, 생력화(省力化), 그리고 죄수 갱생을 위해 선의로 고안했습니다.

판옵티콘에서는 감시 탑에서 감방 안을 한눈에 내려다볼 수 있습니다. 하지만 죄수들에게는 감시 탑에 있는 간수가 보이지 않습니다. 죄수들은 자신이 감시당하고 있는지, 감시당하고 있지 않은지 모릅니다. 결과적으로 죄수들은 항상 감시당하고 있다고 느끼게 됩니다. 감시자의 존재를 내면화해버리는 것입니다. 그래서 감시자가 없어도 규율에 따라 행동하게 됩니다.

현대인을 보고 있으면 판옵티콘의 감시에 겁을 먹은 나머지 자신 안에 상상의 간수를 만들어내서 그것에 늘 감시당하는 죄수들처럼 보입니다. 끊임없이 겁을 먹고 다수파 무리에 섞여 들어가려는 사람들뿐이라면 지배하는 쪽은 필시 관리하기 쉬울 것입니다. 그러므로 권력자는 가능한 한 사람들이 겁을 먹고 살게끔 만듭니다. 처벌받을 위험이 없을 때도 처벌을 무서워하는 마음을 사람들에게 심어주려고 합니다.

국민을 관리하기 쉬운 존재로 만드는 것은 통치 비용의 최소화라는 관점에서는 바람직합니다. 누구도 윗사람을 거역하지 않는다면, 한번 권력을 잡으면 나중에는 하고 싶은 대로 하면 되니까요. 하지만 통치 비용이 싼 나라는 새로움이 시작되지 않는 나라입니다. 왜냐하면 모두가 다수파가 되거든요. 그런 데서 새로움이 나올 리 만무하죠. 정의상 새로움은 미지이자 이형(異形)의 것입니다.

학교 선생님들로부터 요즘 젊은 사람들은 눈에 띄지 않는 것을 생존 전략상 최우선 항목으로 삼고 있다는 이야기를 자주 듣습니다.

제가 아는 대학 교수님께 이런 이야기도 들었습니다. 겨울에 아침 첫 강의에 들어갔더니 강의실이 캄캄했다고 합니다. 뭐가 잘못됐나, 하고 안을 들여다보니 학생들이 있더랍니다. 어두운 교실에 잠자코 앉아 있던 겁니다. 좀 한심하다고 생각하며 강의실에 들어가 "스위치 여기 있어요." 하고 알려줬다고 합니다. 그런데 다음 주에도 또 깜깜했답니다. 학생들은 누구 하나 일어나서 전등 스위치를 켜러 가지 않았습니다. 어두우면 불편하잖아요. 책도 안 보이니 예습도 못 하고요. 그렇지만 불편에서 비롯되는 불쾌함보다 혼자 일어나서 스위치를 켜는 '눈에 띄는 일'을 하는 위험이 더 무겁게 다가왔던 겁니다. 교수님 말마따나 아마도 학생들은 그런 식의 계산을 했을 겁니다.

전기 스위치조차 켜지 못하는 학생이 세상이 잘못된 방향으로 가고 있다고 생각할 때 "그쪽으로 가면 안 됩니다!"라고 소리를 높일 수 있을까요? 저는 아니라고 생각합니다. 그쪽으로 가면 큰일이 생긴다고 높은 확률로 예측이 가능하더라도 잠자코 다수를 따를 겁니다. 조직에서 일할 때도 그럴 거라고 생각합니다. 상사로부터 위법 행위를 지시 받고도 "다들 하는 거니까…"라는 말을 들으면 불법인 줄 알면서도 따릅니다. 그러다 들켜서 처벌을 받게 됐을 때 "상사가 시켜서 한 거예요."라고 변명해도 소용없습니다. 경찰에게 "그럼 당신은 상사가 사람을 죽이라고 하면 사람도 죽일 겁니까?"라는 핀잔만 듣겠죠.

지금의 일본 사회는 수권 정당이 아무리 실정을 하고, 비논리적인 행위를 감행해도 제재를 거의 받지 않습니다. 국민이 튀는 걸 싫어하고, 이상하다고 생각해도 입을 다물고 있기 때문입니다. 모두가 이상하다고 하면 그때는 따르겠지만, 소수파에 속한 동안에는 입 다물고 있는 것이 지혜로운 삶의 방식이라고 국민의 과반이 믿고 있습니다.

하지만 거듭 말씀드리지만 그런 나라에서는 더 이상 새로움이 생성되지 않습니다. 최근 25년간 일본의 국력이 쇠퇴 일로에 있는 것은 그 때문입니다. 용기를 가지고 고립을 감내하며 할 말을 하겠다는 사람의 수가 격감하고 있기 때문입니다.

이대로 점점 쇠퇴해 동아시아에서 후진국 취급을 받게 돼도 좋다는 것이 전 국민의 뜻이라면 어쩔 수 없습니다. 그런데 저는 싫습니다. 저는 이 나라가 건강했던 시절을 기억하고 있으니까요. 그때와 같은 설렘을 젊은 사람들에게도 다시 한 번 맛보게 해주고 싶습니다.

다들 뭘 무서워하는 걸까요? 물론 공포는 태곳적인 감각입니다. 아주 중요한 것입니다. 공포를 느끼지 않는 생물은 오래 살아남지 못합니다. 하지만 아무리 그렇다고 해도 지금의 현대인은 너무 많이 겁을 먹습니다. 공포에 떠는 것 자체가 일상이 되고, 공포에 젖어 이윽고 자신이 공포를 느끼고 있다는 사실조차 자각하지 못하게 돼버렸습니다. 그렇게 살다 보면 정말로 두려워해야 하는 상황이 도래했을 때 그것이 평소와 다르다는 것을 깨닫지 못하고 눈앞에서 정말 무서운 일을 겪게 됩니다. 우리는 적절하게 두려워하는 태도가 필요합니다. 두려워해야 할 때 두려워해야 하는 거죠. 그럴 필요가 없을 때는 두려워하지 않습니다. 이게 다입니다. 물론 여기까지 써온 대로 정말 어려운 일이긴 합니다.

이야기를 하다 보면 끝이 없으니까 이제 마무리하겠습니다. 여기서 끝내도 되는데 사실 마지막에 여러분이 기대해도 좋을 이야깃거리가 한 가지 있습니다.

그것은 시라카와 시즈카 선생의 『자통』이 '용기(勇気)' 혹은 '용(勇)'이라는 한자를 어떻게 정의하고 있는지 알아보는 일입니다. 사실 지금까지 알아보지 않은 이유는 마지막 즐거움으로 간직하기 위해서였습니다.

만약 그것이 지금까지 제가 전개해온 이야기와 그다지 어긋나지 않는 것이라면 한숨 돌리고, 빗나가는 것이었다면 깜짝 놀라며 어째서 전혀 다른 의미의 한자가 현재 우리가 사용하고 있는 것과 같은 의미로 바뀌었는지 그 여정에 대해 생각해보는 거죠. 물론 이제 생각할 만큼의 페이지 수도, 체력도 남아 있지 않기 때문에 앞으로 제가 개인적으로 오랜 시간에 걸쳐 천천히 생각해보겠습니다. 기회가 된다면 연구 성과를 여러분에게 다시 전해드릴 수 있을지도 모릅니다. 언제가 될지는 알 수 없지만요. 그

점은 부디 너그럽게 이해해주세요.

자, 그럼 『자통』을 살펴보겠습니다. 용(勇) 자는 1539쪽에 나와 있습니다. 용 자의 정의는 무엇일까요?

고대 문자는 지금과는 다른 형태였던 것 같습니다. 김문에서는 '무신의 공을 일컬어 甬甬이라 하고 글자를 甬으로 만든다. 춤(踊)과 관계가 있는 글자일 것이다'라고 돼 있습니다. 뜻은 '상냥한, 독한, 용감한, 심한, 힘찬, 딱 부러짐이 좋은'입니다. 현대어와 별 차이가 없습니다. 勇·踊·湧은 소리가 같습니다. '안에 힘이 충일하여 밖으로 드러나는 상태를 말하는 말이다'라고 이어집니다. 숙어인 용기에 대해서는 '용감한 기상'이라는 뜻을 적은 후에 용례로 사마천의 『사기』 「염파전(廉頗伝)」 속 한 문장이 등장합니다. '엎드려 판서로 삼겠다. 용기를 갖고 제후에게 들어보도록 하겠다.'

곧바로 원전을 찾아봤습니다. 『사기』 「염파전」의 첫 번째 구절이었습니다. 염파 장군이 제나라 군사를 공격해 궤멸시킨 공훈으로 중신으로 봉해졌고 이름을 사방에 떨쳤다고 합니다. 그런데 왜 염파일까요? 역사상 무훈으로 이름을 알린 무장은 얼마든지 있었을 텐데요. 시라카와 선생은 그중에서 왜 굳이 염파를 선택했을까요?

염파는 전국 시대 조나라의 무장입니다. 조나라에는 인상여라는 승상이 있었습니다. 탁월한 외교 수완으로 조나라 혜문왕에게 중용된 사람입니다. 그런데 염파는 역전의 무장인 자신보다 출신이 비천하고 무훈이 없는 인상여가 상석에 있음을 시기하고 사사건건 불만을 터뜨리며 "놈의 밑이 되는 것은 참을 수 없다. 만나면 반드시 욕되게 할 것이다."라고 공공연하게 말하고 다녔습니다. 두 사람이 만나면 위태로운 사태가 벌어질 것이 틀림없었습니다. 그래서 인상여는 병을 핑계로 삼아 저택에 틀어박혀 참배할 때도 얼굴을 마주치지 않도록 신경을 썼습니다. 그러던 어느 날 차로 외출을 했는데 길에서 염파와 우연히 만날 뻔하는 바람에 차를 끌고 피했습니다.

그 후에 인상여의 가신들은 주인에게 이렇게 호소했습니다. "우리는 당신의 고귀함을 흠모하며 섬기고 있습니다. 그런데 염파 장군이 당신에게 악담을 퍼부어도 두려

워하며 숨기만 합니다. 이는 하다못해 필부도 부끄러워
하는 행동입니다. 더는 참을 수가 없습니다. 우리는 더는
당신을 섬길 수 없습니다."

이 말을 들은 인상여는 가신들에게 "진왕과 염파 장군
중 누가 더 무서운가?" 하고 질문을 던졌습니다. 신하들
은 진왕이 더 무섭다고 답했습니다. 그 말을 듣고 인상여
는 다음과 같이 말을 이어갔습니다.

> 애당초 진왕의 위세를 겁내지 않고 나는 조
> 정에서 이를 꾸짖어 군신을 욕되게 하였다.
> 내가 어리석고 미련하다고 하더라도 어찌
> 염 장군을 두려워하겠는가. 돌이켜 생각해
> 보니 강진이 감히 군사를 조나라에 보내지
> 않는 것은 오직 우리 두 사람이 있기 때문이
> 다. 지금 두 호랑이가 싸우면 기세등등하게
> 함께 살 수 없다. 내가 장군을 피하는 것은
> 국가의 급한 일을 먼저 처리하고 사적인 일
> 을 뒤로하기 위함이다.
>
> — 사마천, 『사기열전』

편지 9

염파는 이 말을 듣고 인상여의 기량과 식견의 깊이에 감동해 웃통을 벗고 벌거숭이가 돼서 가시밭 채찍을 짊어지고 인상여의 집에 갔습니다. 그러고는 그 채찍으로 마음이 풀릴 때까지 자신을 때려달라며 사죄했습니다. 물론 인상여는 염파의 사죄를 받아들였고 둘은 서로를 위해 목을 내놓겠다고 맹세했습니다.

시라카와 선생이 용기의 사례로 염파전을 가져온 것은 의도적이었습니다. 염파는 괴팍함, 강함, 당당함만 지닌 사람이 아니었습니다. 자신보다 미천한 출신인 데에다 교묘한 언변만으로 좀처럼 보기 드문 출세를 이루었다(고 생각해) 인상여를 멸시하고 질투하면서도, 그 사려 깊음과 그릇의 크기를 알게 되자 예를 갖춰 사죄했습니다.

처음에 썼던 이야기인데요. 공자는 자신에게 잘못이 있다고 생각하면 망설임 없이 물러날 수 있는 사람을 용기 있는 사람의 이상으로 삼았습니다. 아마도 시라카와 선생은 공자의 식견에 근거해 용기의 예로 「염파전」을 가져온 것 같습니다. 용기란 자신에게 이치가 없음을 깨달았을 때 주저하지 않고 미안하다고 말할 수 있는 진솔함을 의미합니다. 시라카와 선생님 역시 그렇게 말하고 싶었던 것 같습니다.

이 책은 가장 처음에 나온 '용기란 무슨 의미일까요?' 라는 물음에 대한 답을 가장 마지막에 가져오는, 그러니까 앞뒤가 뒤바뀐 구성이 되고 말았지만 다행스럽게도 착지는 제대로 한 듯싶어 안심이 됩니다.

후루타니 씨, 오랫동안 함께해주셔서 정말 감사합니다. 이것으로 용기론을 어느 정도는 다룰 수 있었다고 말씀드릴 수 있을 것 같습니다.

독자 여러분도 끝까지 읽어주셔서 감사합니다.

2023년 7월 30일

저자 후기 전에

'도대체 이것은 무슨 책인가?'라고 의아해하면서 구매해주신 독자분들께 감사드립니다. 확실히 희한한 책이된 것 같습니다. 본문에 쓰인 게 이 책의 전부인데요. 의아하게 생각하실 독자분들께 사족일지도 모르겠습니다만 이 책이 만들어진 경위를 포함해 설명을 좀 해드리려고 합니다.

앞서 언급한 대로 우치다 선생님의 '지금 현대인에게부족한 것은 용기일지도 모른다'는 말씀에 제가 반응하면서 이 편지가 시작됐습니다. "어떤 이야기부터 시작해도 좋습니다. 가능한 한 이상한 에피소드를 던져주세요."라는 선생님의 요청에 우왕좌왕하면서 편지를 드렸기 때문에, 편지를 쓰는 와중에도 솔직히 이것이 한 권의 책이 되리라고는 상상하지 못했습니다. 선생님도 책이 되긴 하겠지만 어떤 책이 될지는 모른 채 시작하신 것 같습니다.

다시 읽어보니 중간에 기어가 몇 단 올라간 느낌이 듭니다. '용기란…'이라는 첫 질문에서 점점 멀어지고 있다고 생각하고 있었는데 어느새 훌륭하게 안착했습니다. 읽다 보면 우치다 선생님의 사고가 질주하는 느낌이 전달될 것입니다. 선생님이 말씀하시는 도약이 곳곳에 눈에 띕니다.

또 하나, 우치다 선생님에게 질문하는 후루타니가 누구냐는 소리가 들리는 것 같은데요. 저는 이 책을 출간한 고분샤에서 「카파 북스」, 「고분샤 신서」를 중심으로 오랫동안 편집 일에 종사해왔습니다. 도중에 관리직 일도 했습니다만, 3년 전부터 지인들의 책을 중심으로 편집 일에 다시 손을 대고 있습니다.

서문에 우치다 선생님께서 쓰신 내용에 추가하면, 『현대 사상의 퍼포먼스』가 출간된 후 선생님께서 당시 재직하셨던 고베여학원대학의 강의를 책으로 낼 수 있을지 부탁을 드렸습니다. 창의적 글쓰기 수업이었습니다. 그랬더니 이미 정해졌다는 답이 돌아왔습니다. 아직 수업

저자 후기 전에

시작 전이었는데 저보다 먼저 선생님을 섭외한 분이 계셨던 겁니다. '그럼 다음 수업은 어떠신가요?'라는 메일을 보냈더니, 선생님은 '입도선매는 처음이다'라고 재미있게 받아주셨습니다. 그게 바로 『마치바의 미디어론』으로, 고분샤 신서로 나오게 됐습니다.

몇 년 후 선생님의 글에 영감을 받아 『서파급(序破急)』이라는 책을 내지 않겠습니까?'라는 메일을 보냈더니, 선생님께서 '이런 것이 있습니다' 하시며 원고를 보내주셨습니다. 읽어보니 합기도 잡지에서 연재된 것이었습니다. 처음에는 전문적인 내용이라고 생각했습니다만, 합기도를 모르는 저도 재미있게 읽을 수 있었습니다.

큰맘먹고 '책 제목을 『수업론(修業論)』으로 하면 어떨까요?'라고 선생님께 제안했고, 이 책도 마침내 고분샤 신서로 출간할 수 있었습니다.

이번 책 역시 비슷한 흐름에 따른 것이었습니다. 첫 번째 편지에서 썼듯, 제 안에서 불타오른 뭔가를 선생님께 던져본 데서 모든 게 시작됐습니다. 물론 우치다 선생님의 가늠할 수 없는 깊이에 어리광을 부리고 있긴 합니다만, 이것이 무도적인 전개일지도 모른다고 제멋대로 생각하고 있습니다.

이 책은 어디로 가는지 모르는 전개 방식을 취하고 있습니다. 하나의 주제 주위를 빙빙 돌면서 본질에 가까워지는 접근법에 독자 여러분들도 지금까지 경험해보지 못한 지적 모험을 맛볼 수 있을 것으로 생각합니다.

처음에는 「키다리 아저씨」에서 편지를 쓰는 소녀가 된 듯했는데, 중반부 이후부터는 공자에게 질문하는 제자가 된 것 같았습니다. 누군가에게 계속 편지를 쓰는 일은 자신의 내면으로 깊이 내려가 무언가를 발견하는 작업이기도 했습니다.

우치다 선생님, 감사합니다.

저자 후기 전에

저자 후기

이 책을 끝까지 읽어주셔서 감사합니다. 용기란 무엇인가에 관해 장황하게 써왔지만, 제대로 착지했다고 느낄 만한 결론에는 도달하지 못했습니다. 이해해주시길 바랍니다.

첫머리에 용기는 고립을 견디기 위한 자질이라고 썼습니다. 그리고 글을 쓰는 가운데 고립을 견뎌내는 일이 인간에게는 매우 어렵지만 중요한 행위임을 깨달았습니다. 고립을 견디는 것은 당연히 힘든 일입니다. 자신이 고립돼 있을 때 내가 맞고 나머지 모두가 틀린 건지, 다른 사람들이 반듯하고 내가 미친 건지 판별하는 권리가 고립된 당사자에게는 주어지지 않기 때문입니다. 인간은 신의 시점에서 세계를 내려다볼 수 없습니다. 자신이 옳은지 그른지를 보증해주는 상위 심급이 존재하지 않습니다. 자신의 올바름에 대해 스스로 기초공사를 해야 합니다. 하지만 그런 일을 어떻게 할 수 있을까요? 알베르 카뮈는 한 인터뷰에서 이런 말을 했습니다.

"나는 이성도 체계도 충분히 믿지 않습니다. 내가 관심을 두는 것은 어떻게 행동해야 하는지 아는 것입니다. 더 엄밀히 말하면 신도 이성도 믿을 수 없을 때 사람이 어떻게 행동할 수 있는지를 아는 것입니다."

이것은 문제의 본질을 훌륭하게 꿰뚫은 말이라고 생각합니다. 상공의 신의 시점 혹은 이성의 시점에서 전체를 내려다보면서 올바른 것과 올바르지 않은 것을 판별할 수 없어도 사람은 결단하고 행동해야 할 때가 있습니다. 옳고 그름의 기준이 존재하지 않을 때 어떻게 결단을 내리면 좋을까요? 카뮈는 이 물음에 대답하지 않았습니다. 하지만 카뮈가 실천해온 바에 따르면 이런 경우에는 잠시 고립을 견디는 게 답이었습니다. 카뮈는 주위 사람들의 눈치를 보고 '이렇게 하면 지지를 받는다, 이렇게 하면

저자 후기

비난을 받는다' 같은 것들을 고려해서 일을 결정한 적이 없습니다. 그는 항상 직감에 따랐습니다. '나도 모르게 손이 나갔다, 때로는 생각보다 손을 따랐다' 하는 식으로 말입니다. 아주 훌륭한 실천이 아닐 수 없습니다.

물론 그의 선택이 주위에서 받아들여지지 않는 경우도 종종 있었습니다. 그 시기에 카뮈는 고립을 견뎌냈습니다. 하지만 어떤 인간도 무작정 고립을 견딜 수는 없습니다. 즉, 고립을 견디는 데는 시간적인 한계가 있습니다. 언젠가는 누군가가 옆에 다가와서 어깨에 손을 얹고 알겠다고 말해줄 것을 바랍니다. 연대의 희망 없이는 고립을 견딜 수 없습니다.

본문 중 우정·노력·승리라는 틀이 용기를 망치고 말았다는 이야기를 썼는데요. 물론 우정·노력·승리는 굉장히 중요합니다. 단, 제가 말하고 싶었던 것은 거기서부터 시작해서는 안 된다는 것입니다. 우정의 지원 없이 당분간 고립을 견딜 힘이 매우 중요하다는 것을 말씀드리는 겁니다. 필요하면 영원히 고립돼 있으라는 식의 어처구니없는 말을 하는 것은 아닙니다.

인간은 연대의 뒷받침이 없으면 살아갈 수 없습니다. 하지만 처음에는 그 버팀목이 없는 것도 각오해야 합니다. 아무도 지지해주지 않아서 하고 싶은 것이 있지만 그만두겠다는 판단을 해서는 안 됩니다. 지지해주는 이가 없더라도 당분간은 고립을 감내해야 합니다.

고립에는 어느 정도 시간을 견디는 것이 필요합니다. 이는 잠시 숨을 멈추고 물속을 헤엄치는 것과 같습니다. 사실 폐활량의 문제거든요. 폐활량이 적으면 바로 물에서 얼굴을 내밀어 숨을 쉬어야 합니다. 반면에 폐활량이 좋으면 수몰된 건물 안에서 탈출구에 도달할 때까지 헤엄칠 수 있을 겁니다. 「포세이돈 어드벤처」, 「에이리언4」, 「바이오해저드 IV」와 비슷한 상황입니다.

"앗… 전 그 영화 다 안 봤는데요."라고 말씀하시는 독자에게는 죄송합니다. 그런데 아실 겁니다. 궁지에 몰려 탈출구를 찾아 물속에서 헤엄쳐나갈 때 폐 속 산소량이 절반으로 줄어들면 돌아갈지 말지 선택해야 합니다. 출발한 곳으로 돌아가면 살아남을 수 있지만 상황은 변하지 않습니다. 앞으로 나아가면 어디선가 산소 결핍으로 죽거나 위험에서 벗어날 수 있습니다. 말 그대로 목숨을 건 결단입니다.

그런데 잘 생각해보면 알겠지만, 폐 속 산소량이 절반까지 줄어들기 전에 공기가 있는 곳으로 빠져나갈 수 있다면 그런 선택은 하지 않아도 됩니다. 폐 속 산소량이 많으면 목숨을 건 결단 같은 것은 안 해도 됩니다. 폐 속 산소량이 많고 적음에 따라 사느냐 죽느냐의 선택 문제는 가시화될 때도 있고 아닌 경우도 있습니다. 사실 정도의 차이가 결정적이거든요.

제가 말하고 싶은 건 고립을 견디는 시간이 짧은 사람과 긴 사람 사이에는 정도의 차이밖에 없다는 점입니다. 다만, 그 점이 결정적일 때가 (종종) 있다는 것입니다. 그래서 고립을 견디기 위한 힘을 키우기 위해 매일 꾸준히 노력해야 합니다. 고립을 오래 견딜 수 있는 사람은 (주관적으로는) 큰 힘을 들이지 않고 우정·노력·승리 국면에서 벗어날 수 있습니다.

그래서 우선 주변 사람들의 공감과 이해가 필요하다는 생각에 대해 저는 주변 사람들의 공감과 이해가 없는 상태에서 어느 정도의 기간을 버틸 수 있느냐가 필요하다고 주장하는 것입니다. 다소 이해하기 어려운 설명이라 미안합니다. 어쨌든 '용기란 고립을 견디기 위한 자질이다'라는 언명을 통해서 제가 말하고 싶은 건 주변 사람들과 소통이 잘 되지 않는 데에 너무 신경 쓸 필요는 없다는 것입니다.

소통 능력이라는 것은 소통의 회로가 이미 완성된 곳에서 시작해 자신이 말하고 싶은 것을 매끄럽게 전달하는 능력을 말하는 것이 아닙니다. 아직 소통이 성립되지 않는 상황을 초기 설정으로 받아들이고 거기서 정성을 다해 다른 사람과의 소통 회로를 여는 것입니다. 소통은 쉽게 말해 맨땅에 헤딩하는 일이나 다름없습니다. 그러니 눈앞에 있는 상대와 의사소통이 잘 되지 않는 것에 곤란해하지 않아도 됩니다. 당연한 일로 받아들이고 그저 수중에 있는 한정된 자원을 활용해서 어떻게든 상대와의 사이에 다리를 놓으면 됩니다. 주체와 타자의 사이는 연속적이지 않고 단절이 생기기 마련입니다. 자신의 수중에 있는 재료로 그 사이에 다리를 놓아 봅시다.

저의 철학적 스승인 레비나스 선생은 '나와 다른 사람 사이에는 공통의 조국이 없다'고 썼는데요. 그것은 어디까지나 연속되지 않는다는 의미지 다리를 놓을 수조차 없다는 의미는 아닙니다. 저는 그렇게 이해하고 있습니다.

지금 일본뿐만 아니라 세계 곳곳에서 집단 따돌림, 가정 폭력, 인종 차별주의자와 민족주의자의 갈등이 빈번하게 일어나고 있습니다. 이 폭력의 원동력은 다른 사람을 앞에 뒀을 때의 불쾌함을 견딜 수 없는 나약함―저는

저자 후기

이해도 공감도 할 수 없는—이라고 생각합니다. 다른 사람의 타자성을 견딜 수 없다는 것은 고립을 견딜 수 없다는 것과 같습니다. 폭력을 행사하는 사람들은 다른 사람을 이해하고 공감하는 데 너무 성급하거든요. 즉, 이해와 공감을 쉽게 얻어질 수 있는 것으로 생각합니다(그럴 리가 없는데도 말이죠).

그래서 그들은 곧바로 이해할 수 없다, 내지는 공감할 수 없다고 단정을 짓습니다. 폐활량이 부족하므로 물속에서 헤엄을 치자마자 역시 안 되겠다며 출발점으로 돌아가는 사람과 같습니다. 레비나스 선생은 '자신이 스스로에게 못 박혀 있다'고 표현했는데요. 그것은 실천적으로 폐활량이 부족하다는 것을 의미합니다.

고립을 견딜 수 있는 사람은 타자성을 견딜 수 있습니다. 이해와 공감이 불가능한 사람을 마주했을 때, 그를 인간 같지 않다거나, 꺼림칙하다는 식의 꼬리표를 붙여 분류하고 처리하는 일을 자제해 한동안의 판단 보류를 감내할 수 있습니다. 인간의 폭력을 구동하는 것은 알 수 없는 것에 대한 혐오와 공포입니다. 전쟁, 차별, 집단 학살 모두 그 기원을 거슬러올라가다 보면 타자가 타자라는 것의 불쾌함을 견딜 수 없는 인간의 나약함에 도달합니다.

용기는 이 나약함을 똑바로 마주한 자신을 조금씩 강하게 만들기 위한 발판입니다. 그리고 타자가 타자라는 것을 견디는 힘입니다. 그렇습니다. 저는 이 힘을 용기라고 부르고 싶습니다. 단, 제가 이런 말을 드린다고 해서 오해하지 않았으면 하는 게 있습니다. 고립을 견딘다는 것은 단순히 참는다는 의미가 아닙니다. 좀 더 미래 지향적이고 희망찬 일입니다.

이 책의 도입에서 '연대를 구하고 고립을 두려워하지 마라'라는 슬로건이 1960년대 말 학생들에게 강한 정서적 반향을 불러일으켰다고 썼습니다. 이 문구는 다시 봐도 일의 본질을 훌륭하게 한마디로 단언하고 있다고 느낍니다. 사람은 누구나 연대를 원하지만 연대할 상대를 찾는 건 쉽지 않습니다. 그렇다고 해서 당장 절망하지는 않도록 합니다. 연대는 쉬운 게 아니라며 크게 심호흡을 하고 잠시 고립을 감내해보세요.

고립을 견딜 수 있는 이유는 언젠가 다른 사람과 연대하리라는 믿음이 있기 때문입니다. 용기를 가지는 것은 고립을 견디고 연대가 성취되는 날까지 살아남기 위해서입니다.

저자 후기

여러분, 용기를 가지고 사세요.

끝으로 편지를 주고받는, 손이 많이 가는 형식을 흔쾌히 수락하시고 자극적인 논점을 제시해주신 후루타니 도시카츠 씨와 편집의 수고를 해주신 히구치 켄 씨, 야마시타 유이치로 씨에게 감사의 말씀을 드립니다.

모든 책은 『용기론』으로 통한다

돌이켜보면 우치다 선생과의 첫 만남(『마치바의 미디어론』이라는 책을 통한 만남이었다)에서 내가 받았던 크나큰 선물은 이 책의 주제이기도 한 '용기'였다. 그 당시 나는 대학교수라는 보기 좋은 허울을 뒤집어쓰고 대학이라는 조직에 제대로 적응하지 못한 채 하루하루를 말 그대로 허덕이며 살아내고 있었다. 나는 대학교수로 재직하면서 기존의 논문 제도를 어떻게든 바꿔보려고 고군분투했었다. 그때의 기억을 더듬어보면 다음과 같은 생각이 늘 머리 한쪽에 똬리를 틀고 있었던 것 같다.

"감성적인 일상어가 껴 있다고 지도 학생의 논문을 빨간 사인펜으로 마구 그어대는 선생이여, 당신이 논문 쓰

기에서 관철시킨 케케묵은 표현들로 대체 누구를 설득하
겠다는 말인가? 흡사 독과점인 양 묶여 있는 표현의 제한
을 죄다 활짝 풀어버려야 한다. 서정적 문체든, 소설적 표
현 기법이든, 영상 언어적 접근이든 동원할 수 있는 모든
표현법을 동원할 수 있게 허용해야 한다."

나는 대다수 대학 연구자의 눈으로는 가히 혁명으로밖
에 보이지 않을 생각에 기초해, 그들만의 리그에서 그들
만이 알아들을 수 있는 문체를 벗어나 보통 사람들도 읽
고 음미할 수 있는 문체로의 변혁을 줄기차게 주장했고,
실제로 그런 문체로 논문을 쓰기도 했다. 그러나 나의 노
력은 논문이라는 현행 제도에 눈곱만큼의 변화도 이끌어
내지 못했다. 오히려 내가 쓴 거의 모든 논문에 '게재 불
가'라는 상흔만이 남았다.

무릇 제도란 보는 시선에 따라 보호막이 될 수도 있고,
정반대로 차꼬가 될 수도 있다. 솔직히 그 시선은 욕심의
문제일 수도 있다. 우리가 '작은' 욕심을 부려 제도가 베
풀 수 있는 혜택에 만족하고 그 범위 내에서 놀고자 한다
면, 제도는 당연히 보호막으로 기능한다(많은 대학교수들이
지금도 그 보호막 안에서 산다). 그러나 나처럼 '큰' 욕심을 부
려 어떤 식으로든 제도를 엎어버리려 한다면, 그 제도는

파닥거리는 심장의 고동이 잦아들고 마침내 절명하는 마지막 순간까지 우리의 손목과 발목에 생채기를 낸다. 그렇게 누더기가 된 몸과 마음에 우치다 선생의 '용기'가 와닿았고, 나를 다시 일으켜 세워줬을 뿐만 아니라 대학을 미련 없이 떠날 힘을 실어줬다. 나에게 용기는 줏대와 자긍의 문제였다. 한 제도를 갈아엎고 다른 제도를 세우려는 욕심의 차원이 아닌, 제도에 의해 소외된 나 자신이 다시 자리를 잡을 수 있도록 항의라는 형태로 발현된 것이 바로 용기였다.

내가 처음으로 읽고 큰 용기를 얻었던 우치다 선생의 『마치바의 미디어론』(제1호)부터 이 책 『용기론』(177호)에 이르기까지, 선생의 어떤 책을 읽더라도 '용기'라는 선물을 받았고 받고 있고 또 받을 것이다(우연히도 1호와 177호는 같은 출판사인 고분샤에서 출간됐다). 그래서 적어도 나에게는 우치다 선생의 모든 저서가 '용기론'으로 읽힌다(동의할 이들이 많진 않겠지만). 용기는 나에게 다양한 모습으로 찾아온다. 때로는 "사람들과 다른 삶을 살아도 전혀 문제될 게 없어." 하며 다정한 스승의 목소리로 와닿는다. 또 "마음과 직감이 이끄는 삶의 방식은 말로 표현하기 힘든 것이라네. 지금 자네가 가진 어휘로는 그 길을

옮긴이 후기

선택한 근거와 정당성을 설명하는 게 어려울 수도 있어. 그러니 그 길로 나아가기 위해서는 반드시 용기가 필요한 법일세." 하며 죽비 같은 말로 내가 가진 빈곤한 어휘에서는 나올 수 없는 어휘와 사고 회로로 나를 일깨워준다. 또 때로는 "마음과 직감의 반대는 무엇일까? 조금만 생각해보면 알 수 있는데, 바로 뇌와 계산이야. 뇌와 계산에 따라 사는 데 특단의 용기 같은 건 필요 없어. 주위 사람들 모두가 옳다고 보장해주니까. 마음과 직감에 따르는 데 용기가 필요한 이유는 대부분의 경우 반대를 무릅쓰고 앞으로 나아가는 일이기 때문이야. 보통 자신의 직감에 따랐을 때는 먼저 행동하고 그다음에 왜 그런 일을 했는지 자문하게 되거든. 그런데 애당초 직감적으로 움직였기 때문에 이유는 하나가 아닐 가능성이 커. 틀림없이 몇 가지가 있을 거야. 소설도 다양한 해석이 가능한 작품을 내용 면에서 더 풍성하다고 하잖나. 그와 마찬가지로 사람의 행동도 여러 관점에서 새롭게 이해될 수 있다면 단순히 옳다거나 적절하다는 평가를 넘어서 더 깊고 풍부한 의미를 지닌다고 할 수 있어." 하며 지금까지 내가 가졌던 용기에 대한 생각을 한 단계 확장시켜준다.

내가 많은 이들에게 우치다 다쓰루 읽기를 권하는 연

유는 지성의 성장에 큰 도움이 된다고 생각하기 때문이다. 여하튼, 우치다 다쓰루를 읽으면 머리가 좋아진다.

감히 단언컨대, 역사상 우치다 다쓰루처럼 발상하고, 추론하고, 수사와 은유를 구사한 사람은 없다. 이는 의심의 여지없이 천재의 산물이다. 어떤 영역이든 천재가 빚어낸 결과에 닿는 경험은 우리의 혼에 어떤 떨림을 선사한다. 단, 떨리다가 끝나기도 하고, 그때까지 가지고 있던 사고와 느끼는 방식이 해체됨으로써 머릿속의 질서가 뒤바뀌기도 하고, 혹은 화학 반응이 일어나 신체 안에서 전대미문의 일이 생성되기도 한다. 떨림이 선사하는 반응은 사람에 따라 다르다.

결정적으로 우치다 다쓰루 읽기는 그 어떤 만남보다 특별하다. 우치다 다쓰루는 인류사에서 특별하게 기록돼야 할 지성이다. 그는 어느 누구도 시도하지 않은 방식으로 세계를 해석해 보여줬다. 우치다 다쓰루가 없다면 세계를 다른 시선으로 볼 수 없었을 터다. 우치다 다쓰루는 이 세상을 새롭게 보는 방식을 선물로 내놨다. 그 공적은 아무리 높이 평가해도 과하지 않다.

나는 우치다 다쓰루의 스타일, 혹은 누구도 시도하지 않은 방식에 커다란 흥미를 느낀다. 기술이라고 해도 좋고, 솜씨라고 해도 좋다. 이는 독자들이 『셜록 홈스』를 읽을 때 범인이 누구인지보다 홈스가 왜 그 사람을 범인으로 지목했는지 추리 과정에 더 끌리는 것과 같다. 나는 '우치다 다쓰루는 이 소재—이를테면, 용기 같은—로부터 왜 이 결론을 얻게 됐는가' 하는 논리의 전개 방식에 격하게 끌린다. 흡사 어려운 사건을 해결한 후 아직 납득이 가지 않는 듯한 얼굴을 한 왓슨에게 "아니, 자네는 사건의 전말을 아직 이해하지 못한 모양이군. 다시 처음부터 차근차근 설명할 테니 잘 들어보게." 하며 이야기를 시작하는 홈스의 기상천외한 추리 스토리에 매료당하는 독자의 입장인 것이다.

우치다 다쓰루를 읽는 쾌락은, 범용한 인간은 도무지 닿을 수 없는 속도와 자유분방함으로 역사를 누비며 엄청난 스케일의 '이야기'를 풀어내는 그의 지성의 힘이 선사해준 것이다. 우치다 다쓰루 읽기는 옳음, 혹은 바름을 배우기 위한 공부가 아니다. 천재 작곡가나 천재 화가의 작품 속 타블로를 마주하는 것과 동질의 경험이며, 우리가 경험하는 일상적 사고의 틀을 넘어 절박하게 밀려오는 뭔가에 온전히 압도당하는 경험이다.

내가 만나는 사람들마다 우치다 다쓰루 읽기를 추천하

는 것은, 모차르트의 음악을 들어본 적이 없다거나 고흐의 그림을 본 적이 없다는 이들에게 한 번쯤은 이 작품들을 경험해보는 게 필요하다고 말하는 것과 똑같은 의미를 가진다.

2013년 여름, 미국 보스턴 다이내믹사와 미국 국방부 산하의 첨단 연구 기관 DARPA가 공동으로 이족 보행 로봇 '아틀라스'를 공개했다. 당시 DARPA의 기획 책임자였던 길 프랫은 이 로봇이 몇 번이나 넘어지면서 걷는 1세 단계에 있다는 견해를 피력했다. 몇 년 전 2월, 같은 로봇의 최신 버전이 거친 땅, 경사로, 눈 위에서 균형을 유지하면서 진짜 인간처럼 걷는 모습이 화제가 됐다.

그리 멀지 않은 과거에만 해도 산길과 눈길을 두 발로 걷는 로봇을 만들어내는 것은 꿈같은 일이었다. 로봇을 평평하고 매끈한 실험실 바닥에서 넘어지지 않고 걷게 하는 일조차 어려웠기 때문이다. 그러니 경사지고 질퍽거리고 차가 왔다 갔다 하는 현실 세계에 로봇을 내보내는 일은 가혹하다고 볼 수 있다. 1982년, 백남준은 로봇을 실험실에서 노상으로 데리고 나가 사상 처음으로 로봇이 교통사고의 희생물이 되는 작품 퍼포먼스를 선보였다. 로봇을 야생에 풀어놓음으로써 기술을 비판적 시각

옮긴이 후기

으로 바라볼 수 있었던 시절이다.

　오늘날 로봇은 보행 능력 면에서 인간의 유연함에 비등해지고 있다. 20년이 지난 지금은 인간과 동급으로 걸을 수 있게 됐다. 사실 걷기는 체스를 두거나 수학 문제를 푸는 것에 비하면 두드러지지 않는 종류의 지성이다. 그런데 역으로 이렇다 하고 의식할 필요도 없을 정도로 인간의 신체에 깊게 각인된 능력이기도 하다. 우리는 몇 번이나 넘어지고 다시 일어난다. 그렇게 시행착오를 반복하면서 걷는 일을 온몸으로 체득해왔다. 넘어질 때마다, 그리고 일어설 때마다 사람의 신체는 조금씩 영리해진다. 어린아이는 이쪽저쪽으로 달리다가 퍽 넘어지고는 앙하며 울음을 터트리면서 신체의 지성을 단련시킨다. 그러다 더 이상 넘어지지 않는 어른이 되면 어딘가에 정체되고 만다. 그러니 반성하고 또 반성해야 한다.

　우리는 무방비하게 뒤집히는 세계 속에서 넘어지고 일어나기를 반복하면서 매일 새로운 세계를 다시 살아가는 게 아닐까? 넘어져도 다시 일어나는 끈기, 일어서더라도 또다시 넘어질 수 있는 용기와 경쾌함, 그 어느 쪽도 잃고 싶지 않다. 나 같은 독립 연구자는 넘어지고 상처 받고 좌절하고 일어서고, 또 넘어지는 과정을 숱하게 되풀

이하게 마련이다. 이러한 끊임없는 과정을 겪어내는 능
력을 길러준 건 어쩌면 우치다 다쓰루라는 스승 덕분이
아닐까.

옮긴이 후기

용기론

1판 1쇄 **인쇄** 2025년 5월 9일
1판 1쇄 **발행** 2025년 5월 26일

지은이 우치다 다쓰루
옮긴이 박동섭

발행인 양원석 **편집장** 차선화
디자인 최자윤, 김미선 **교정교열** 강경양
영업마케팅 윤송, 김지현, 최현윤, 백승원, 유민경
해외저작권 임이안, 이은지, 안효주

펴낸 곳 ㈜알에이치코리아
주소 서울시 금천구 가산디지털2로 53, 20층 (가산동, 한라시그마밸리)
편집문의 02-6443-8861 **도서문의** 02-6443-8800
홈페이지 http://rhk.co.kr
등록 2004년 1월 15일 제2-3726호

ISBN 978-89-255-7362-5 (03100)

※ 이 책은 ㈜알에이치코리아가 저작권자와의 계약에 따라 발행한 것이므로
   본사의 서면 허락 없이는 어떠한 형태나 수단으로도 이 책의 내용을 이용하지 못합니다.

※ 잘못된 책은 구입하신 서점에서 바꾸어 드립니다.

※ 책값은 뒤표지에 있습니다.